O Resultado
da Unificação

ANDROGINIA

Carolina
Guitzel

São Paulo, maio 2019

Linear B
editora

* * *

ANDROGINIA
O Resultado
da Unificação

* * *

Rua dos Pinheiros, 1076 cj 52 • Pinheiros
CEP 05422-002 – São Paulo – SP – Brasil
Tel 011 3812-3112 e 3812-2817
www.linearb.com.br

* * *

Capa:
Alice Barbosa

Edição:
Linear B Editora

Dados Internacionais de Catalogação na Publicação – CIP

G968   Guitzel, Carolina
          Androginia: o resultado da unificação / Carolina Guitzel. –
          São Paulo: Linear B Editora, 2019. 124 p.

          Título original em espanhol: Androginia: el resultado de la
          unificación, 2019. ISBN 978-85-5538-172-0

          ISBN 978-85-5538-205-5

          1. Psicologia Analítica 2. Relações de Gênero. 3. Mulher. 4.
          Homem. 5. Corpo. 6. Autoconhecimento. 7. Personalidade.
          8. Sexualidade. 9. Androginia. 10. Pessoa Andrógina.
          11. Unificação. I. Título. II. Definição de andrógino. III.
          O começo de tudo. IV. Como ele é. V. O Andrógino e a
          mitologia. VI. O Andrógino e Mefistófeles. VII. Protocolo
          para a Iluminação. VIII. O Andrógino e suas habilidades. IX.
          O Andrógino e o colapso da função de onda. X. A verdade
          sobre a androginia.

          CDU 159.9   CDD 159
          Catalogação elaborada por Regina Simão Paulino – CRB-6/1154

"Essas duas guerras mundiais provam que o Homem está adormecido. A vindoura Terceira Guerra Mundial pode ser evitada somente se nós pudermos despertar pessoas suficientes. Então, essas pessoas tornam-se contagiantes e seguem despertando outras pessoas, em uma corrente, e isso tem que ser feito bem rápido, porque não há muito tempo. De outra forma, as pessoas adormecidas irão destruir essa terra, esta vida."

– Osho

Prefácio

No início de tudo, isto é, antes do que a física chama de Big Bang, antes da emanação deste Universo e de outros Universos, só havia o Todo. Pura energia de potencial infinito. Num determinado momento Ele resolveu dividir-se e multiplicar-se. O Um em Muitos.

Fez isso gerando de Si mesmo uma parte Yang e outra Yin, que são polaridades. Esses dois seres unindo-se geraram todos os demais. Esta é uma explicação simples para facilitar o entendimento, mas é real. O Todo só poderia gerar o Yin e o Yang se contivesse os dois. Neste sentido o Todo é Unificado. Contém tudo o que existe. No Todo as duas polaridades estão unificadas. Não são duas coisas no Todo! São uma coisa só, portanto, é uma terceira coisa: a unificação no Todo. É muito importante entender esse conceito. Quando a pessoa se unificou com o Todo ela volta ao estado original antes da criação de tudo o que existe. Esse estado original é o Todo indistinto. A individuação permite que a individualidade permaneça junto com a unificação. Isso é o que se chama Iluminação.

Sem entender esse conceito é impossível entender quem é um Andrógino, porque ele não tem mais nada a ver com polaridades. Está unificado. Voltou a origem. O Andrógino é um ser espiritual unificado encarnado. É por essa razão que suas atitudes são dificilmente entendidas e aceitas, pois está completamente fora deste mundo. Este é um universo de polaridades Yin e Yang. Alguém que não é mais Yin nem Yang será visto como um extraterrestre literalmente. E essa é a realidade que acontece na prática diária. Entender isso envolve ter o mesmo sentimento de um Andrógino. É por esta razão que isso até hoje não foi aceito. Como uma borboleta pode entender um elefante? E esta é uma mera metáfora. Na verdade, a coisa vai muito mais além. É por isso que o Andrógino é um mistério total tornando-se o contraponto de Mefistófeles.

Analisar o Andrógino com conceitos de polaridades é totalmente inútil e perda de tempo. O Andrógino é o salto evolutivo inevitável para todas as pessoas. Somente assim o ser poderá unificar-se com o Todo.

Introdução

O que é um Andrógino? Esta é uma questão que já vem sendo apresentada desde os tempos mais remotos, embora esse nome até hoje não tenha sido entendido.

Há mais ou menos sete a oito mil anos, Shiva já era considerado um Andrógino. Na verdade, o Todo é um Andrógino.

Desde sempre houve dúvidas quanto ao significado da androginia, mas chegou a hora de se explicar esse conceito. Aliás, é urgente que se entenda...

O objetivo deste livro é explanar e explicar o que é, na realidade, o Andrógino.

Por toda a História se colocou isso como um conceito divinizado. Mas a realidade é que é uma coisa totalmente humana e totalmente possível de acontecer. Basta a intenção!

No decorrer da leitura deste livro, será possível reconhecer o Andrógino em cada ser. Saber que o Todo está dentro de cada um é literalmente "voltar para casa".

Trilhar esse caminho para a androginia é Iluminar-se!

Índice

I.
Definição de Andrógino

Escrever sobre o Andrógino é tarefa delicada, mas totalmente contagiante. Se há assunto mais gratificante talvez ainda esteja para ser descoberto. Primeiro precisamos esquecer todos os conceitos de Andrógino ou androginia que foram escritos e ditos até aqui.

Para começarmos esse livro precisamos deixar clara a real definição do Andrógino. Alguns livros já abordaram esse tema tempos atrás. O mais perturbador é que, na época em que esses livros foram escritos, o risco que os autores correram de se tornarem *personas non gratas,* ou mesmo de serem perseguidos, foi grande. Pelo simples fato de se falar sobre o Andrógino ou seu conceito, e sabendo o quanto ele mexe no *status quo* da sociedade, isso se tornou assunto polêmico. Então, tudo o que se conhece do Andrógino até hoje ficou nas entrelinhas. O livro de June Singer, *Androginia – Rumo à uma Nova Teoria da Sexualidade,* é um forte exemplo. Foi escrito há pouco mais de quarenta anos, mas suas colocações continuam válidas.

O que pretendemos aqui é ultrapassar os limites anteriores para que o Andrógino deixe de ser uma figura incompreendida e oculta da sociedade e se transforme na meta, no estado final da evolução de todo ser humano.

Tudo o que foi associado à androginia até hoje tem conotação sexual, e é esse conceito que queremos apagar e mudar neste livro.

A androginia verdadeira é intelectual, mental e também espiritual, ou seja, está relacionada com o interior do ser humano. Também tem a ver com sexualidade, mas em um nível que literalmente nenhum ser humano normal atingiu até hoje em sua capacidade de compreensão.

"O novo Andrógino não se sente confuso quanto à sua identidade sexual. Homens Andróginos manifestam uma sexualidade masculina natural, espontânea e desinibida, enquanto mulheres andróginas podem ser totalmente femininas em sua própria sexualidade. No entanto, nenhum tende a extremos; os homens não ostentam uma atitude machista, nem as mulheres fingem um caráter ingênuo e dependente. Personalidades excessivamente polarizadas proliferam numa cultura que exige a repressão de certas tendências naturais no

processo de desenvolvimento dos traços
ditos 'masculinos' e 'femininos' que a sociedade considera apropriados para cada
sexo. Os indivíduos Andróginos deixam
que as repressões se esvaeçam, no intuito
não tanto de preparar terreno para a liberação de seus impulsos sexuais, mas sim de
permitir que o que havia sido reprimido
possa voltar a ser reintegrado à percepção e
cognição conscientes."

(June Singer)

Portanto, cabe dizer aqui que Andróginos são
homens e mulheres com aparência física normal,
porém, que vivenciam interiormente esse estado
de elevação energética sublime: a Unificação! Na
verdade, é melhor que se diga que seja uma Re-U-
nificação, pois o Andrógino é a personificação da
"volta para casa" a qual tanto ansiamos inconscientemente, ou seja, da volta ao Todo.

E eles estão entre nós. Trabalham, têm suas
ocupações, família e amigos, vida normal, mas
chegaram a um estágio evolutivo muito além de
qualquer outro ser humano. E isso pode ser considerado uma coisa positiva, pois, do contrário, se
tivessem características físicas externas diferentes
dos demais, seriam tratados como seres de "outro
mundo". O que os diferencia é que eles transcen-
deram a tensão dos opostos, do masculino e do
feminino, do Yin e Yang, do *anima* e *animus*. Então,

15

falando claramente, eles estão muitos degraus acima das demais pessoas. São uma coisa só, sem dualidade, iluminados e unificados com o Todo e como o Todo!

O Andrógino dissipou a sua sombra ou a "couraça do caráter", sobre a qual Wilhelm Reich escreveu longamente em seu livro *A Função do Orgasmo*. Nesse livro ele relata os estudos feitos com seus pacientes, cada um com sua dificuldade de expor seu problema: "Eles estavam 'encouraçados' contra qualquer ataque. Na literatura psicanalítica, não havia processos técnicos para vencer a superfície desse estado enrijecido. Era o caráter como um todo que resistia. (...). Aparentemente, a couraça do caráter era o mecanismo que prendia toda a energia. (...). A teoria da 'couraça do caráter' foi o resultado dos meus esforços, no princípio apenas 'tentativas', de arrancar as resistências do paciente, uma por uma. (...) ...é a 'personalidade' total, ou o 'caráter' do paciente o que constitui a dificuldade da cura. A 'couraça do caráter' define-se no tratamento como uma 'resistência do caráter'."

Quando se trata de um Andrógino, diz-se da pessoa que não tem mais essas emoções terrenas e os problemas psicológicos e sociais que trazem tantas mazelas. Ele evoluiu a um ponto que desconhece o ciúme, a posse, o ódio, etc., ou seja, ele só tem Amor para sentir e oferecer; ama a tudo e a todos servindo ao Todo. Mas isso não quer dizer que ele não tenha a visão clara de cada um que o rodeia. Por ter essa total noção do ser humano na sua essência, no caso, a visão espiritual, sabe distinguir e sentir cada um de acordo com sua personalidade, e dificilmente se deixará enganar ou ser maltratado, pois saberá se posicionar com Amor e compaixão. Caso isso venha a acontecer, o Andrógino simplesmente SOLTA a situação imediatamente, pois sem o apego comum dos demais, o fluxo do Todo no qual ele se encontra faz com que permita que a pessoa pratique o seu livre-arbítrio sem interferir, e segue apenas orientando. Ele está unificado a um ponto que seu prazer maior é saber que todos estão felizes e progredindo ao seu redor.

O Andrógino é o Todo personificado. Assim como todos nós, ele também tem a Centelha Divina, a diferença é que nele ela está unificada, portanto, todos os seus atos, pensamentos e emoções correspondem aos do Todo, ou seja, Amor puro e incondicional. Seu ego está totalmente de lado, deixando somente a Centelha atuar.

O Andrógino tem características bem peculiares e conseguimos distingui-lo das demais pessoas até mesmo com pouca convivência, pois sua emanação de Amor pode ser sentida fortemente, e para isso, não precisamos ser sensíveis ou mesmo sensitivos.

São pessoas que vivem com leveza, deixando o ambiente em que estão com uma energia totalmente positiva.

Há alegria em todos os lugares por onde circula.

Sua visão de mundo, totalmente aberta, busca soluções as quais aparecem imediatamente, porque o Andrógino literalmente SOLTA o problema. E quando isso acontece, as soluções vêm com facilidade. Ele mostra sempre que se pode obter aprendizado e benefícios através dos problemas; na crise, ele cria! E nunca para. Todos a sua volta se contagiam por essa força, isto é, não há zona de conforto ao redor do Andrógino!

Uma coisa que é fato: NUNCA reclamam, tão pouco falam mal de outras pessoas. Essa ação é, para o Andrógino, uma atitude que não lhe diz respeito, pois sabem que isso não vai levar a lugar algum, portanto, só pensam em coisas positivas, em soluções, com Amor...

Eles já alcançaram a iluminação, e para isso percorreram um longo caminho. Estão acima de qualquer apego material, chegando a essa plenitude. No pensamento de uma pessoa normal, se chegasse nesse estágio de iluminação, acharia que deveria "tirar férias", uma vez que já tem "tudo". Mas para o Andrógino isso não faz o menor sentido e ele faz justamente ao contrário. Trabalha e ajuda sempre e mais! Ele não tem outra meta em sua vida a não ser ajudar para que os demais também alcancem essa iluminação. Para isso ele tem que se resignar e ter a paciência divina, pois sabe que cada um está em um estágio de evolução. E, por já enxergar lá na frente o resultado das ações presentes, tenta orientar para que se tomem atitudes mais positivas e acertadas. Ele tem visão e raciocínio rápidos e lógicos nas mais variadas situações, portanto pula etapas chegando a um resultado positivo em menos tempo.

Além de tudo isso, claro, tem também o lado sexual. O Andrógino é um ser que ama incondicionalmente. O Amor que sente é universal e sabe onde cada um tem suas travas e dificuldades. De acordo com os tabus e paradigmas existentes em cada ser humano, o Andrógino age com compaixão. Ele se doa completamente. Ele tem o Yin / Yang em equilíbrio fazendo com que compreenda perfeitamente o que cada homem e mulher pensa e sente.

A palavra Andrógino, na verdade, é a junção de duas palavras provenientes do grego: *andro* (masculino) e *gyne* (feminino). E essa palavra define muito bem o que realmente é um Andrógino: mulher/homem, Yin/Yang num só ser.

"O neófito tem mais chances de alcançar um determinado modo de ser, por exemplo, tornar-se homem ou mulher, se antes se tornar simbolicamente uma totalidade. Para o raciocínio mítico, um modo particular de ser é necessariamente precedido de um modo *total* de ser. O Andrógino é considerado superior aos dois

sexos justamente porque encarna a totalidade e, portanto, a perfeição."

(Mircea Eliade)

Ao longo deste livro abordaremos mais profundamente as características do Andrógino
esmiuçando conceitos e como ele atua em todos
os setores da vida, influenciando a todos para se
chegar a esta meta final: nos tornarmos um com o
Todo. Um ser que já alcançou esse objetivo não é
mais Yin nem Yang. Ele é uma terceira coisa: ele é
um Andrógino.

II.
O começo
de tudo

Para explicarmos a verdadeira androginia, é preciso que entendamos o início de tudo, ou seja, o Todo! Sim, Ele é a origem de tudo, o marco zero do universo. Ele é a unificação do Yin e Yang. Ele é Yin/Yang, uma coisa só.

O *Big Bang* foi um orgasmo cósmico do qual se gerou este e os outros universos, ou seja, Shiva e Shakti, forças centrífuga e centrípeta respectivamente, juntas. Mas o que havia antes do *Big Bang*? Havia o Todo, o Oceano Primordial, sendo essa a essência de tudo, o Amor puro.

Cada um de nós tem dentro de si a Centelha Divina, que é a essência do Todo, portanto, temos o Todo dentro de nós. E, sabemos também, mesmo que inconscientemente, que estamos dentro do Todo, dentro do Seu Universo; literalmente somos o "conteúdo" do Todo, então, basta ligarmos uma coisa à outra para chegarmos à conclusão de que todos nós somos um. Mas não somente nós, pessoas, mas TUDO o que está ao nosso redor está conectado. Por exemplo, se nós jogarmos lixo no mar e um peixe o comer e, por conta disso, morrer, nós seremos responsáveis pela morte daquele peixe. Outro: se devastarmos ou permitirmos que devastem uma floresta somente para aproveitamento da madeira das árvores, tudo o mais como rios, animais, plantas e clima, ou seja, um ecossistema inteiro, morrerá. Neste caso, estamos todos diretamente ligados a esse evento.

Temos o livre-arbítrio que nos foi ofertado para podermos fazer o que quisermos, mas sabendo que cada ato, bom ou mau, terá suas consequências. Ação e reação. Nenhum ato ou pensamento nosso está perdido, solto ou não afetará alguém ou algo de alguma forma, pois se somos todos feitos de átomos, então, somos energia pura. E sendo energia pura, fazemos essa ligação entre nós de uma maneira muito sutil, interferindo diretamente no outro. O que pensamos, criamos!

"... tudo o que uma pessoa fizer não permanecerá isolado dentro dos limites da sua estrutura física, mas afetará, no mais amplo grau imaginável, todos os outros eventos que ocorrem e ocorrerão em qualquer parte da Terra. Esta afirmação talvez pareça extravagante, mas uma vez aceita a proposição do inter-relacionamento sistemático de todas as coisas, torna-se impossível isentar alguma faceta da nossa vida dos seus efeitos sobre a totalidade. Se isso for verdade, então cada um de nós é diretamente responsável, em certa medida, pelo destino do mundo e pelo curso do futuro – é uma responsabilidade tremenda sem dúvida, mas nem por isso menos real."

(June Singer)

E tudo é uma coisa só: nós, os animais, as plantas, os objetos, o céu, os planetas, o Universo, enfim, tudo está literalmente interligado. Resumindo, o TODO é TUDO!

Se cada um de nós é uma emanação do Todo, à sua "imagem e semelhança", então por que temos a sensação de que está nos "faltando um pedaço? Por que estamos sempre em busca de algo ou alguém que nos complete?

A resposta é que, no início de tudo, para que houvesse a evolução, era preciso que acontecesse a separação entre os seres emanados e o Todo. Para que Ele pudesse usar o seu potencial era preciso que se multiplicasse. No caso, como citamos acima, Ele é o Oceano Primordial e nós, pequeníssimas gotas desse oceano. E, quando houve essa separação, essas gotas se tornaram os opostos: quente e frio, claro e escuro, macho e fêmea, etc. A partir daí gerou-se a tensão dos opostos, com polaridades separadas. Assim, cada um evoluiria com seu próprio ego (Centelha Divina/individualidade), mas agora como Yin e Yang separados. Não vamos especificar aqui os gêneros, mas Yin, como polo feminino e Yang, como polo masculino. E o Todo, que não se deixa vencer em bondade e Amor, permitiu que essas Centelhas tivessem o livre-arbítrio. Mas esse livre-arbítrio era para que se complementassem, que cooperassem entre si para que houvesse o crescimento e o progresso do Yin e Yang neste planeta. A meta era dar continuidade à evolução da humanidade. Mas, infelizmente não foi isso o que aconteceu; o ego se valeu desse livre-arbítrio para transpor a vontade do Todo e seguir até os dias atuais onde o que mais vemos são essas "dores" nas sociedades deste mundo, como escravidão em todos os setores da vida, maus-tratos, doenças e todos os tipos de desrespeitos para com o Sagrado de cada um. Definitivamente não foi essa a ideia original do Todo.

Todo ser "normal", digamos assim, possui interiormente esses polos, Yin e Yang, porém em maior ou menor porcentagem não estando equilibrados, sendo exatamente isso que nos faz buscar o complemento de nossa existência. É esse sentimento de falta, de carência em relação ao Todo que caracteriza essa nossa eterna busca. É o anseio inconsciente pela "volta para casa", ou seja, pela unificação, ou Re-Unificação com o Todo. O simples fato de, de repente, começarmos a nos perguntar: "de onde eu vim? ", "o que eu estou fazendo aqui neste planeta?", "qual o propósito da minha existência?" ou "quem sou eu? " já denota essa busca pela estrada que nos levará de volta para casa, para o Todo.

Quando nos unimos a alguém, seja por sentimento ou negócios essa é também uma forma de buscarmos esse complemento, inconscientemente. Quando compramos coisas compulsivamente ou ansiamos desesperadamente pelo poder ou posse, isso também é a expressão dessa carência, dessa necessidade de unificação com o Todo.

Um pequeno exemplo de que a Centelha literalmente nos rege é quando pensamos em fazer algo errado, como roubar alguém. Caso não tivéssemos a menor noção de que isso fosse errado, o faríamos às claras, mas não, o fazemos escondido, não é verdade? Pois então, isso quer dizer que a Centelha está tentando nos dizer que é errado, que vai haver prejuízo de outrem. Mas, o que fala mais alto nesse caso, é o livre-arbítrio e nos é dada a opção de fazermos a coisa certa. É a chamada "Voz Interior". A Centelha "avisa", mas inúmeras vezes escolhemos o caminho errado, o caminho que o ego escolheu. No Andrógino não existe mais essa "dúvida" entre o certo e o errado. Ele age seguindo SEMPRE o que a Centelha lhe diz para fazer, ou seja, o certo!

O "estado Andrógino" já existe em todos nós, está lá dentro, fervilhando para vir à tona, mas é necessário que se tenha a intenção e a vontade de se tornar um. É preciso que haja uma mudança profunda, a qual não depende de fatores externos para acontecer, pois é um trabalho árduo e totalmente interno; é estar sempre à beira do abismo, mas sabendo que a mão do Todo estará lá para o devido amparo sempre. E o Andrógino já entendeu isso e permitiu que a Centelha Divina tomasse conta da vida dele, deixando o ego completamente de lado e fazendo com que ele exista somente para servir ao Todo, doando-se.

Cada vivência nossa, acertando ou errando, nos leva para mais perto dessa unificação, cada um a seu modo, tempo e ritmo. É aprendizado para expansão de consciência e crescimento interior. Mais cedo ou mais tarde o ser despertará para a realidade de que todos voltaremos a ser um com o Todo. E é esse o caso do Andrógino. Ele "despertou" ao longo da sua vida e enxergou que a Centelha é o Todo, e sendo assim poderia, mesmo ainda encarnado, espalhar Amor pelo planeta, porque é através dele que o Todo age. E qual é a real missão do Andrógino? Fazer com que mais e mais pessoas atinjam esse estado de consciência, felicidade e Amor para que não haja mais guerras de todos os tipos, pois são exatamente essas guerras que levarão a humanidade ao seu fim.

O patriarcado instalado neste mundo há milhares de anos só fez, através do poder, da força bruta, da posse, da escravidão, etc., com que essa civilização se engessasse e prosseguisse sua jornada como gados. E hoje é o que temos de mais assustador neste mundo: O Sagrado foi jogado no lixo.

Como podemos resgatar esse Sagrado? A Centelha Divina tem a resposta. Basta que perguntemos a ela, à nossa própria essência, e saberemos que o Amor do Todo vai prevalecer.

Poderemos observar, ao longo deste livro, que o Andrógino, apesar de fisicamente ser uma pessoa normal, tem a mente, o intelecto e o espírito totalmente fora deste mundo. Literalmente o Andrógino está no mundo, mas não é do mundo! Ele já transcendeu a matéria, ao ego, a tudo.

> "Embora os caminhos sejam diferentes, estamos todos seguindo na mesma direção, em busca da mesma luz... Somos uma só energia e juntos formamos um imenso tecido de luz."
>
> (Osho)

III
Como ele é

"O Andrógino possui um conhecimento secreto. É secreto porque pela sua própria natureza, não pode ser partilhado, nem ensinado, nem sequer mencionado. É o conhecimento que provém de trabalharmos em nós mesmos rumo a níveis de consciência nos quais os contrários do nosso ser se tornem aparentes. Aprendemos assim a reconhecer a oscilação interna entre as modalidades Masculina e Feminina do ser, e a ouvir com o ouvido interior a música da sua interação. Essa música só pode ser ouvida no silêncio, quando os ruídos do mundo são abafados temporariamente e a superfície de reflexão se volta para dentro."
(June Singer)

O conhecimento é secreto por conta da resistência à existência do Andrógino, que é enorme. Ele é o resultado da tensão dos opostos e aprendeu a integrar anima e animus num estado original antes da emanação primordial. Dessa forma ele tem dentro de si o lado Yin e Yang, mas que não são puros em si. É uma fusão que, na verdade, é uma reação química da qual gerou um terceiro estado. Quando acontece uma determinada circunstância, pode vir à tona uma atitude que parece Yang, mas que não é puramente Yang. A mesma coisa acontece com o lado Yin.

O Andrógino gosta do silêncio porque gosta de sentir quem ele é. É como se houvesse um casamento interno entre o masculino e o feminino em uma boda que nunca acaba. Digamos que seja o casamento que consideramos ideal. Aquele em que há cooperação, sexualidade regida pelo Amor, compreensão, equilíbrio e tudo o mais que está contido no que seria um "casamento perfeito".

Como já citamos anteriormente, quando Yin e Yang foram emanados pelo Todo, gerou-se a tensão dos opostos dentro de cada ser. Essa polaridade oscila o tempo todo. Quando essa oscilação é consciente, sabe-se que a transformação para o estado Andrógino está em andamento. Esse é um caminho solitário como toda transformação interior, porém, sem volta. Expansão completa. Isso acontece quando os *chakras* estão no movimento de transformação para a unificação em um só chakra. Essa sensação é muito característica e perceptível em quem está nesse trabalho de iluminação. Para que isso possa acontecer, a pessoa precisa aceitar todas as facetas da sua personalidade. Normalmente a pessoa procura ter uma *persona* que seja "boazinha", assim ela será aceita pela sociedade. Fazendo isso, todas as outras características são jogadas para a sombra e passam a dominar a sua vida. A integração dos opostos implica que a pessoa aceite todos os aspectos. É exatamente isso que Nietzsche quis dizer em seu livro *Entre o bem e o mal*; a resolução da tensão dos opostos. Daí resulta o ser integral que é o Andrógino. Quando isso não é feito, a personalidade está incompleta e a pessoa se sente também incompleta. Nesse caso, ela procurará desesperadamente por algo ou alguém que supra essa incompletude.

O Andrógino está ciente de todas essas particularidades da *psique* do ser e isso está resolvido dentro dele. Então, pode relacionar-se sem criar dependência ou ficar dependente. Nesse ponto o sofrimento desapareceu completamente de sua vida, pois ele dá de si sem esperar compensações, sendo este um dos paradoxos da existência: quanto mais se dá mais se recebe! Portanto, a gratificação é completa.

Tornar-se um Andrógino implica ora soltar Yang ora soltar Yin, o que pode acontecer incessantemente, segundo após segundo; e essa dinâmica é extremamente desagradável para quem não é Andrógino.

Como sabemos, o Andrógino não é nem Yin nem Yang. Ele não se sente bem como Yang, nem como Yin. Ele só estará em harmonia com a fusão primordial.

A riqueza interior do Andrógino só pôde ser alcançada porque anteriormente havia uma diferenciação entre Yin e Yang. Essa tensão provocou a evolução para o estado Andrógino. Se Yin e Yang estão incompletos, esse estado dividido fica extremamente desconfortável, daí o dilema em que se encontram todos os relacionamentos atualmente.

O Andrógino não está preso a nada nem a ninguém, tão pouco quer que se prendam a ele, porém ele estará totalmente "entregue" caso haja uma dinâmica Yin/Yang, ou seja, um relacionamento sexual, que acontecerá única e exclusivamente se houver Amor, consumando-se, assim, um ato de total doação e entrega. Repetindo: ele NUNCA se relacionará sexualmente com alguém se não houver Amor.

O Andrógino faz uma troca simbiótica com tudo e com todos no Universo, isso quer dizer que ninguém que chega perto dele fica da mesma forma, havendo assim uma transformação. A sua emanação atômica vitaliza tudo o que ele toca ou se aproxima. Para ele não existe separação entre o próprio corpo e o Universo; são uma coisa só. Ele "é" o Universo. Isso significa que seu corpo é sagrado, portanto, tudo o que faz e transmite é sagrado. Por exemplo, quando o Andrógino come uma maçã acontece a fusão das duas consciências, a dele e a da maçã. O Andrógino torna-se a maçã e a maçã torna-se o Andrógino, ou seja, viram uma coisa só. Ou antes de tudo isso não havia nem Andrógino nem maçã. Este é o dilema do "gato de Schrödinger", onde não se sabe se o gato que está na caixa está vivo, morto, morto-vivo ou vivo-morto. É para fazer pensar, não?

> "O Andrógino está ciente de que todo evento no interior do corpo humano afeta todos os outros aspectos do indivíduo, seja numa perspectiva fisiológica, seja numa perspectiva psicológica. Isso significa que o que quer que alguém faça com seu corpo – o que ingere como alimento, os exercícios que prática, os tipos de estímulos a que se expõe, como e com quem transa sexual- mente – todo evento terá uma significação profunda sobre a totalidade, pois a energia da totalidade não respeita fronteiras."
>
> (June Singer)

Sem um corpo, seja materializado ou sutil, o Oceano Primordial não pode experienciar novas vivências. Isso implica que o Oceano Primordial está no corpo de uma forma sutil sem que o ego perceba. Quanto antes essa consciência for assumi- da, mais cedo o estado de beatitude surgirá.

A única maneira de contribuir para essa indivi- duação é sentir alegria e prazer. O sofrimento não acrescentará nada de útil ao Oceano Primordial que está dentro do Andrógino. É por essa razão que, tentar fazer o Andrógino sofrer é pura perda de tempo, pois ele soltará, sorrindo, qualquer que seja o meio utilizado nessa tentativa, deixando-se ser guiado pelo Todo, do qual, aliás, ele é seu canal direto.

O Andrógino, como uma onda, pode fundir-se com outro Andrógino, mantendo sua individualidade, ao mesmo tempo em que está em fusão, e isso não é uma dualidade. A consciência pode exprimir-se de forma ilimitada, independentemente de tempo e espaço, isto é, uma consciência pode estar em diversos lugares ao mesmo tempo.

O símbolo do Ouroboros[1] é uma serpente comendo a própria cauda. Se nós girarmos esse desenho, onde estará o começo e o fim? Entre dois

---

[1] *Ouroboros, oroboro* ou *uróboro* é um conceito representado pelo símbolo de uma serpente ou um dragão que morde a própria cauda. O nome vem do grego antigo "oura" que significa cauda, e "boros" que significa devora. A palavra designa "aquele que devora a própria cauda". Segundo o Dicionário dos Símbolos, a figura caracteriza o ciclo da evolução, voltando-se para si mesmo. Este símbolo contém as ideias de movimento, continuidade, autofecundação e, em consequência, eterno retorno. O Ouroboros costuma ser representado pelo círculo, o que parece indicar, além do perpétuo retorno, a espiral da evolução, a dança sagrada de morte e reconstrução. Em livros antigos, o símbolo vem acompanhado da expressão "*Hen to pan*" (o Um, o Todo). *Wikipédia.*

Andróginos, onde começa um e termina o outro? Isso é fusão e individualidade ao mesmo tempo.

O potencial Andrógino está latente e é uma dinâmica em andamento desde o primeiro instante que foi emanado. Seu arquétipo existe justamente para forçar os questionamentos internos em relação à androginia. Mesmo que isso seja negado, a sombra não permitirá que esse assunto seja esquecido, não importando quanto tempo leve até que se aceite, elabore e integre o Andrógino dentro de si. Isso estará lá, fervilhando à espera de ser trabalhado e equacionado!

Um encontro entre dois Andróginos força a potencialização de todos os seus aspectos até o grau máximo suportável física, emocional, mental e espiritualmente. Portanto, um encontro com um Andrógino provocará alterações fundamentais que estimularão a androginia dentro do outro onde nunca se deve subestimar os efeitos dessa aproximação. Esse "encontro" forçará saltos de consciência de extrema amplitude, pulverizando o paradigma vigente da pessoa que entrou em contato. Se você tem medo ou não quer dar esses saltos, é recomendável que evite qualquer contato, pois ninguém está imune.

O contato com um Andrógino energiza todos os átomos do ser que o encontra provocando um salto quântico para uma nova órbita energético-consciencial, isto é, tudo sai da zona de conforto.

Depois de um tempo, alguns seres podem achar que é possível voltar ao normal como quando um elétron perde a energia recebida e volta a sua órbita normal. No caso do Andrógino, isso é impossível de acontecer, porque ele é um canal que injeta energia no sistema do ser, continuamente. Ou essa energia é utilizada em termos de alegria, ou será jogada para a sombra. Portanto, não existe forma de dissipar ou perder essa energia.

Toda energia precisa de expressão, e o Andrógino faz isso facilmente com qualquer tipo. Se ele sente raiva, por exemplo, então ele "sente que sente" raiva, elaborando essa informação de forma construtiva, ou seja, não joga para a sombra. A questão é que, inevitavelmente, surgirá um momento em que a expressão da energia implicará saltos conscienciais extremamente difíceis para o ser. A pessoa terá que transcender tudo aquilo em que acredita para chegar ao Oceano Primordial e tornar-se um Andrógino. É aqui que entram todos os tabus e preconceitos. Por exemplo: numa tourada, será que o touro prefere vivenciar o arquétipo de Ulisses ou morrer de velhice no pasto? Não estamos afirmando que somos contra ou a favor. É apenas um exemplo de tabu.

Como o Andrógino voltou ao Oceano Primordial, é evidente que é impossível para ele ter um Amor pessoal. Por exemplo: "O sol nasceu para todos". Assim sendo, uma vez que o Andrógino é o Todo, ele não tem favoritos, nem faz acepção de pessoas. Esse fato tem as mais profundas implicações em todos os aspectos.

O Andrógino não tenta resolver a tensão dos opostos, ele transcende e convive com todas essas tensões dentro de si e nos outros. Ele está consciente de tudo o que acontece nesta e em outras dimensões, considerando todos os fatos tanto de hoje ou como daqui cem, quinhentos, mil anos. Todos os seus atos têm projeção no futuro. Ele semeia para daqui cem anos, por exemplo, levando em consideração todas as variáveis.

Sendo a unificação o estado normal do Andrógino, ele sabe que, para os demais, a separação é fundamental para que haja a evolução de todos.

Para ele não existe nenhuma dificuldade em estar em um corpo inteiro ou desdobrado. Dessa forma, o Andrógino pode se desdobrar espiritualmente e incorporar em qualquer outro corpo, podendo ser em outro humano, em um animal, uma árvore, etc.

No entorno do Andrógino há sempre uma batalha arquetípica entre o bem e o mal sendo travada, mas ele sabe administrar com alegria ambas as forças. Sabe também que a opção de alguns pela negatividade faz parte da evolução geral.

Uma característica marcante do Andrógino é a de que, quando ele precisa ser firme diante de certas situações, ele não o será. Todo assunto que tiver que ser tratado, seja ele de qualquer natureza, o Andrógino lidará sempre com muita amorosidade, pois ele pensa como o Todo! Porém, mesmo a amorosidade sendo seu estado natural, é prudente não o confundir com uma pessoa que não sabe ou não conhece quem está a sua volta.

Ele tem consciência da tremenda capacidade de manipulação energética de que é capaz, portanto sabe dosá-la perfeitamente de acordo com as necessidades. Todos os seus pensamentos têm o propósito de criar a realidade, e isso implica um absoluto controle mental e emocional.

O Andrógino flui como um rio que corre em direção ao mar, nunca nadando contra a corrente, pois tem total confiança no Todo, deixando-se levar. Ele é o TAO em ação, e a palavra-chave aqui é simplesmente "É". Aonde quer que vá tem a consciência de que "crescerá" em qualquer direção para onde for levado. Assim como na arte marcial AIKIDO[2], ele segue o fluxo dos movimentos, não se antepondo a nada.

---

2   AIKIDO é um estudo de arte marcial, filosofia e crenças religiosas, criadas no Japão, entre as décadas de 30 e 60 do século passado. O pai dessa arte marcial é Morihei Ueshiba, reconhecido como Grande Mestre pelos praticantes. No AIKIDO, o objetivo do criador era idealizar uma arte em que os praticantes pudessem defender-se a partir dos ataques dos adversários. Em vez do combate direto, a ideia do AIKIDO é de redirecionar os ataques, dando entrada na ofensiva a partir da transformação do movimento do oponente. Frequentemente a arte é traduzida como "o caminho da unificação, da energia da vida" ou "o caminho do espírito harmonioso".

Conhecer até onde se pode chegar é uma atitude fundamental em um Andrógino, nunca aceitando limites impostos pelos demais como crenças, tradições, tabus, preconceitos, etc. Ele testará em si mesmo todos os limites para saber o que é verdade e até onde pode chegar, sendo esta sua característica predominante. Ele tem que, forçosamente crescer até o máximo possível do seu potencial. O mais interessante é que isso não ocorrerá somente com ele, mas certamente com qualquer coisa ou pessoa que estiver no seu entorno.

Ele sabe que a vida é um *continuum eternum*, portanto, usa esse potencial no "aqui/agora" e não tem nenhum problema com transições de estado, isto é, vida ou morte!

IV.
O Andrógino e
a mitologia

"O que importa na mitologia é o princípio representado e não as lendas de que o cercam para fazer com que se compreenda melhor o que ele simboliza. O fato de que essas lendas sejam múltiplas, diferentes de uma região para outra, de um poeta visionário para outro, não tem a mínima importância. Não se deve esquecer que elas existem apenas para tornar mais acessíveis noções abstratas, realidades universais.

A bruxa continua sendo a bruxa mesmo se inventarmos novos contos de fadas. Atribuem-se a todos os heróis grandes feitos que ultrapassam a realidade e destacam as virtudes, os ensinamentos que eles personificam. O fato de que se atribuam a Jesus de Nazaré os milagres, as lendas de Dioniso ou de Krishna não diminui em nada sua mensagem, mas faz compreender melhor sua natureza divina. Querer ver aí fatos estritamente históricos é negar seu valor de símbolo eterno, sua divindade."

(Alain Daniélou)

Desde o início dos tempos, todas as civilizações criaram mitologias para explicar a questão do Andrógino.

O caso mais famoso é o do deus Dioniso. A mitologia grega explica a sua vida e suas características, sendo que a mais importante é a de que ele está sob o arquétipo do Andrógino. Entendendo Dioniso, entenderemos sua história e como esse arquétipo atua nos seres humanos que iniciaram sua jornada rumo à Androginia.

Assim como Shiva está para a mitologia hindu e Osíris para a mitologia egípcia, Dioniso pertence à mitologia grega.

A mitologia grega conta que Zeus, mesmo estando casado com a deusa Hera, engravidou a mortal Sêmele. Hera, enciumada, instigou Sêmele a pedir que seu amante se apresentasse a ela tal qual ele era na realidade, ou seja, na forma de um deus, sua real identidade. Zeus, sem poder negar esse pedido, arrependido de ter aceito e mesmo sabendo das consequências, resolveu se mostrar a Sêmele. Assim que surgiu com todo o esplendor de um deus, a mortal não resistiu a tamanha e esfuziante emanação a qual a desintegrou. Porém, antes que tudo virasse cinzas, Zeus conseguiu salvar o filho prematuro que a mortal carregava em seu ventre. Imediatamente o costurou em sua coxa onde continuaria a gestação até que estivesse pronto para nascer. Quando a gestação estava completa, Zeus descosturou sua coxa e dela nasceu Dioniso. Mas, Hera soube que, apesar de Sêmele ter morrido, seu filho ainda estava vivo, então o perseguiu. Sabendo disso, e para proteger o menino, Zeus o entregou aos cuidados das ninfas que viviam nas montanhas e que o alimentaram com mel silvestre. As abelhas são consideradas as criaturas mais femininas e matriarcais da natureza, motivo pelo qual Dioniso, então, é considerado um deus feminino.

Conta-se que Dioniso, já na fase adulta, passou a viajar pelo mundo e então a colocar em prática seu poder de mudar de aparência, o que despertava a admiração dos seus seguidores e o assombro dos seus inimigos. Também em uma de suas andanças, Dioniso encontrou a princesa Ariadne sozinha em uma ilha deserta depois de ter sido abandonada por Teseu, seu marido. Dioniso a amou e fez dela sua esposa, levando-a consigo em segurança. O Amor de Dioniso por Ariadne é a caracterização do Amor do deus pelas mulheres em geral, motivo pelo qual elas passavam a segui-lo. Eram as chamadas *mênades*.

Dioniso também foi associado a muitas divindades femininas como Cárites (deusas da graça, da alegria, da natureza e da criatividade humana),

Afrodite (deusa da beleza) e as Musas (divindades femininas da música, da dança e das artes), tornando-se assim, também, o patrono das artes.

Ao longo de sua jornada, Dioniso aprendeu a arte da fabricação do vinho, que até então era desconhecida dos mortais. Mas ele não é o deus que faz com que se perca a consciência na embriaguez. É, sim, o deus da liberação do espírito e da animação da alma.

> "O vinho de Dioniso, contudo, geralmente não provocava o esquecimento da embriaguez; ao contrário, mitigava as lágrimas da humanidade e trazia alegria, porque o próprio Dioniso, embora tivesse frequentemente suportado grandes mágoas, era o deus da alegria, um deus que embora pudesse ser ameaçadoramente destrutivo para seus inimigos, sentia uma profunda compaixão pelo sofrimento dos mortais. Dizia-se, portanto, que Dioniso era o Senhor que chorava para mitigar as lágrimas dos mortais... para que a alegria dos homens e das mulheres flua a partir das lágrimas de um deus."
>
> (John A. Sanford)

Em todos os textos onde se conta a história de Dioniso, poderemos encontrar sempre a sua fascinação pelas mulheres e sua liberdade. E é por essa razão que ele as atrai, pois as quer livres do patriarcado que as aprisionou na vida doméstica, e também que elas vivenciem essa nova liberdade.

> "Está na natureza do patriarcado que os homens projetem sua lascívia sobre as mulheres e as forcem a levar uma vida sexualmente restrita que seria melhor escolhida por eles mesmos. Dioniso, contudo, não encara a energia sexual das mulheres como lasciva; ao contrário, ele a vê como sendo regulada pelo mais interno e profundo eu delas. Ele não teme que as mulheres tenham uma atitude *panourgos* (qualquer coisa serve) porque ele acredita que as mulheres, por serem fiéis ao Amor, são fiéis à melhor natureza delas."
>
> (John A. Sanford)

Dioniso vem para que se tome consciência de que a humanidade como está hoje não tem nenhuma chance de progresso real. O estágio de conscientização para o qual necessitamos voltar é ao que éramos há doze mil anos, quando o matriarcado reinava e, enquanto isso permaneceu vigente, nunca houve qualquer tipo de violência, escravidão e disputas pelo poder, ou seja, o mundo era regido pelo Yin. Todos se entendiam e havia paz e harmonia.

Dioniso é considerado, talvez, o mais estranho dos deuses... em vários aspectos é tido até como

45

insano. Mas será que essa insanidade não seria a mola propulsora para a alegria e para a criatividade? É incrível como frequentemente nossa alegria é tratada como loucura. Quando alguém está muito feliz é até considerado "estranho". Mas essa alegria que falamos é a sobrenatural, a alegria dos deuses; uma alegria que não tem ego, que está fora dos padrões do ser humano normal. Uma alegria que permite ao outro ser contagiado, contaminado por ela. Doação. Apesar de sabermos que a civilização ocidental ainda vive enterrada nesse patriarcado opressor, Dioniso vem, de um a um, mostrar que é essa alegria divina que nos impulsiona para darmos saltos espetaculares na vida, onde tudo literalmente "anda para a frente". Sem alegria, somos todos zumbis, marionetes sem vida!

"Jane Harrison comenta que antes da chegada de Dioniso, a antiga religião era um *do et dus*; 'Eu faço, e tu fazes. 'Ou seja, o ser humano faz uma coisa para o deus, como oferecer um sacrifício, e o deus faz algo em troca para o ser humano (Harrison 1950). O novo espírito de Dioniso, contudo, transcende essa estreita e arcaica interpretação do impulso religioso. Não se trata de uma questão de fazer algo para agradar, serenar ou adular uma divindade para que ele faça o que queremos; em vez

disso, é uma questão de vivenciar a divindade dentro de nós mesmos."

(John A. Sanford)

O sacrifício do qual falamos aqui é o de se doar, de sentir a alegria divina em se doar, em se deixar ser usado pelo Todo para servir de alimento para o próximo, de permitir que a Centelha Divina assuma deliberadamente, e não mais sentir aquela alegria passageira de quem foi para uma festa, comprou sapatos novos, ou que o time de futebol ganhou o campeonato etc. Dioniso nos ensina que a espontaneidade e a alegria devem estar presentes em TODOS os atos do ser humano, assim como faz o Andrógino. Ele vivencia esse estado divino onde o ego se deixa de lado e se preenche diretamente da energia do Todo, onde a alma é abastecida!

"Estar repleto com o deus, portanto, significa estar fora do eu ordinário da consciência limitada e percepção embotada, e penetrar um eu que desconhecíamos anteriormente, um eu que pulsa com energia e inspiração, um eu que agora vivenciamos como nosso, mas cuja origem se situa em um poder além do ego. A alma vivencia esse eu como transcendente e criativo; dessa energia emerge a inspiração, seja na arte, na música, na ciência ou no Amor."

(John A. Stanford)

Em outras palavras e trazendo para a nossa realidade, é a mesma coisa que "sair da caixinha" na qual fomos colocados há milhares de anos pelo patriarcado, sabendo que do lado de fora poderemos vivenciar o que é real e palpável, o aqui/agora. Temos um desconhecido infinito para ser explorado. É o êxtase que vem do arquétipo de Dioniso que nos faz transcender as barreiras do nosso próprio ser. É essa a meta do Andrógino, a de fazer com que se entenda que a realidade está em transcender a toda essa limitação que nos foi imposta desde os primórdios.

Ao trazermos as experiências dionisíacas para os tempos atuais, podemos entender que elas fazem parte do processo de individuação e de uma literal destruição da couraça do caráter do ser humano, o ego. A diluição do ego não quer dizer que ele desaparecerá, mas sim que ele estará se permitindo a ser iluminado e que a Centelha assumirá.

Todos os problemas vêm de uma personalidade egoica. Esse processo de iluminação para a androginia depende única e exclusivamente disso: deixar o ego de lado para que a Centelha assuma o ser.

Dioniso vem para que se liberte o que está aprisionado e que foi reprimido tanto em homens como mulheres ao longo da história, o feminino. E este não pode ser confundido com o feminismo que vemos nos tempos atuais, onde o Yin quer se igualar ou superar Yang e vice-versa, numa guerra de poderes. Isso nunca acontecerá, pois já foram emanados como opostos. O ideal é que cada um simplesmente SEJA o que realmente É! Que sejam colaboradores um do outro, que haja esse equilíbrio para que o progresso seja rápido e positivo para ambos.

> "A ênfase primordial da experiência dionisíaca não é alcançar a mudança social, e sim liberar tudo o que é livre e primitivo na alma humana."
>
> (John A. Sanford)

Na sociedade em que vivemos hoje, totalmente fria e materialista, salvo raras exceções, podemos notar uma total superficialidade de sentimentos. Muitos, senão a grande maioria das pessoas, estão "sonhando". Dormem o sono do dia a dia sem alegria e sem a menor percepção da verdadeira realidade, e, pior, não querem ser acordadas. Estão como que hipnotizadas, no automático. Buscam cada vez mais "coisas" para serem felizes e no final sempre vem a frustração, pois percebem que nada vai preencher o vazio da vida. A alma inconscientemente anseia pela experiência dionisíaca, ou seja, pela androginia. As necessidades da alma são as nossas reais necessidades, mas nos perdemos no meio do caminho quando descremos que temos o poder de, como Centelhas que somos, encontrarmos sozinhos nossa iluminação.

Na nossa cultura somos estimulados cada vez mais a procurar o êxtase exteriormente. Os programas de televisão investem cada vez mais em nos bombardear com informações inúteis, mas ao internalizarmos isso, não entendemos o quão pobres de conteúdo são essas informações e então sempre precisaremos de mais. É como ingerir uma comida que não seja realmente nutritiva e precisamos comer uma quantidade maior. Essa quantidade nunca será suficiente. É o que acontece muitas vezes, por exemplo, quando tentamos nos preencher procurando sentido para a nossa existência nos viciando em uma droga, lícita ou ilícita; não nos damos conta de que, com o passar do tempo, precisaremos de doses maiores para suprir o vício, sem nunca encontrarmos a verdadeira satisfação para nosso vazio interior. Estamos tão imersos na materialidade da vida que nem temos a noção de que o verdadeiro e mais intenso êxtase está dentro de nós mesmos. As maneiras artificiais de atingir o êxtase não nos trazem a real consciência de Dioniso, que é a que nos impulsiona para darmos saltos enormes na nossa evolução espiritual.

A emanação do Andrógino é expressa nessa alegria caracterizada por Dioniso. O êxtase de ser um Andrógino é exatamente este: o de ser um canal direto do Todo encarnado.

Vivenciar o arquétipo de Dioniso é despertar o feminino interior e saber que se está no caminho certo rumo a androginia.

V.
O Andrógino e Mefistófeles

Sabemos que a luz, amorosidade e paz do Andrógino são indiscutíveis, entre outras infinitas qualidades, afinal, ele é o Todo personificado, dispensando mais detalhes neste capítulo.

Mas quem é Mefistófeles? A palavra deriva do grego e significa "aquele que odeia a luz" ou "aquele que não ama a luz"; diabólico; sarcástico; pérfido; que age com maldade, cujo comportamento e ações lembram o personagem demoníaco que figura lendas germânicas. Ele odeia ou não ama o Andrógino.

Na literatura, o poema *Fausto*, de Johann Wolfgang von Goethe (1749-1832), tem proporções épicas que relata a tragédia do Dr. Fausto, homem das ciências que, no afã de superar os conhecimentos da sua época, evoca espíritos e, por fim, Mefistófeles, o demônio, com o qual negocia viver por vinte e quatro anos sem envelhecer. Durante esse tempo, conforme contrato assinado com o próprio sangue de Fausto, o diabo serviria a ele em troca de sua alma. Entregue aos prazeres, Fausto é levado para o inferno ao término desse prazo. Ele tenta, através do Amor de Margarida, sua amada, obter a salvação, mas foi inevitável, pois seu destino já estava comprometido.

Quantas vezes já ouvimos falar de situações como essa? Quantas pessoas ao nosso redor, ou até nós mesmos, já tiveram essa infeliz experiência, consciente ou inconsciente, de fazer um "pacto com o diabo" para conseguir um Amor, um emprego ou mesmo bens materiais? Muitos duvidam, mas na realidade é exatamente o que acontece. Ele nos oferece o caminho mais curto, o mais fácil ou o mais "rentável", cobrando, assim, um preço exorbitante posteriormente, que no caso será a nossa alma, a nossa liberdade, ou seja, a nossa energia vital. E com que propósito? O não progresso dos seres! Se não há progresso, todos estarão "dentro da caixinha" fazendo exatamente o que ele determinar. E esse é o Poder que Mefistófeles de *Fausto* "pensa ter", porque mesmo sabendo que o Amor sempre vence, continua tentando. Ele tem, lá no mais íntimo e profundo do seu ser, a fagulha da androginia, pois, como também foi criado pelo Todo, também tem a Centelha Divina. Essa é a realidade. Mas ele sequer considera a possibilidade de que essa Centelha habite dentro dele, e assim nega tudo.

No Andrógino não há mais nada que ele precise para preencher o seu ego, ele é uma pessoa "desperta". Isso já está resolvido dentro dele. Mais especificamente falando, não existe mais ego no Andrógino. Não há mais função para o ego, é desnecessário! A pessoa desperta, que conhece a si mesma, não tem complexo de inferioridade, está segura de si e do seu lugar no mundo, não precisando provar por que está aqui. Simplesmente a pessoa "É". E este é o grande problema de Mefistófeles: o seu ego! O complexo de inferioridade está enraizado no seu ego, por isso quer a todo custo "ter" o Andrógino.

Mefistófeles tem medo de chegar perto do Andrógino. Sabe que se ele se aproximar, será atraído pela emanação do bem, da luz e que fatalmente haverá uma transformação. Pode levar anos, ou vidas, mas isso estará latente nele para que haja a evolução até o estado Andrógino. Ele não aceita que pode vir a ser um Andrógino, então, se revolta com quem já é ou está no caminho. Como ele não consegue chegar perto, incansavelmente, tenta fazer com que tudo e todos ao redor do Andrógino se desviem da meta do bem e do progresso, a qualquer custo.

Sabemos que quanto mais trabalharmos e ajudarmos uns aos outros, mais benesses receberemos do Todo; Ele não tem limites de Amor e generosidade. O maior poder do Andrógino é SERVIR, portanto, tudo o que ele faz é voltado para ajudar aos demais a progredir em todos os setores da vida e, agindo assim, ele se torna mais poderoso e todas as pessoas que recebem essa ajuda, pensarão e agirão livremente, ou seja, não aceitarão mais ordens, não como um ato de rebeldia, mas como uma atitude consciente para o bem comum. Elas se tornarão independentes, sendo elas mesmas! E, sendo elas mesmas, pensarão "fora da caixinha" onde todos fomos colocados há milhares de anos para sermos controlados. Terão opinião e vida próprias, sendo justamente esse o medo de Mefistófeles, porque vai de encontro a tudo o que foi estabelecido até hoje pelo patriarcado. Ele não quer e não aceita que as pessoas saibam a realidade, podendo assim escravizá-las. Não aceita como o Universo é. Ele quer, sim, que acreditem na *sua* realidade: a de que Deus é um ser invejoso, ciumento e punitivo. Um Deus antropomorfo, sentado num trono, com um cajado na mão e que castiga a todos que ousam desobedecê-lo ou que cometam algum erro.

Mas, o Andrógino vem para transformar radicalmente esse reinado Yang que escraviza Yin, indo de encontro à todas as crenças, tabus e tudo o mais que "encaixota" a sociedade. Ele, encorajando as pessoas a saírem da zona de conforto, está lhes proporcionando uma visão de vida totalmente diferente da que se está acostumado e que é medíocre.

Então, sabendo das qualidades do Andrógino e que não pode chegar perto dele, Mefistófeles ataca todas as pessoas que estão no seu entorno para tentar enfraquecê-lo, uma vez que a energia vital dele é valiosíssima e ele emana sua luz para muitas e muitas pessoas. Para Mefistófeles, o Andrógino é um ser perigoso...

Ao longo da História conhecemos algumas pessoas que se iluminaram e que tentaram arduamente fazer com que outras se iluminassem também, como Buda, Platão, Heráclito etc. Mas pode-se contar nos dedos das mãos quantas foram. É preciso uma grande coragem para despertar, para sair do sono em que a sociedade está atualmente. Nossa zona de conforto é imensa.

"É como um homem que está sonhando que está vivendo em um palácio dourado, com um grande reino, com todo luxo, e você tenta acordá-lo. Ele é somente um mendigo de rua. Somente mendigos sonham ser imperadores. Imperadores nunca sonham ser imperadores. Isto seria simplesmente ilógico. O mendigo investe tanto em seus sonho e sono, que ele resistirá de todas as formas possíveis para não ser acordado. Ele se oporá a você e ainda dirá: 'quem é você para interferir na minha vida?', 'você não pode, ao menos, tolerar um homem que está tendo um lindo sonho?' E, mesmo se forçá-lo a despertar, ele irá cair no sono novamente, porque, acordado, ele é somente um mendigo; adormecido ele torna-se um imperador."

(Osho)

Mas, se um Andrógino ajuda mais pessoas a se iluminarem, Mefistófeles não terá forças para mantê-las em seu sono profundo. E é essa a grande questão. Com isso, mais pessoas se iluminarão e despertarão para a androginia. Isso quer dizer, que haverá mais e mais pessoas felizes, satisfeitas e alegres. Será impossível ter o controle sobre elas. Mas, tudo pode acontecer, um pneu furado, doenças, brigas, sugestões no subconsciente, etc. A influência negativa poderá vir por todos os lados. Mas, por mais que ele tente, de um modo ou de outro, a luz e a alegria do Andrógino SEMPRE chegarão lá para desfazer a sombra de Mefistófeles.

O Andrógino é a síntese do Amor e da compaixão! Ele emana bondade e amorosidade, pois tem o Todo dentro de si, está unificado. Não há nada que faça baixar sua frequência amorosa. Ele é o Todo personificado, a alegria pura. E é com essa energia que o Andrógino trata também sua sexualidade e a dos demais. NUNCA fará sexo se não houver Amor, uma vez que para ele é doação, entrega e espontaneidade; o sexo é Sagrado. Assim, isso também é uma grande barreira para que Mefistófeles chegue perto porque é no sexo sem Amor que ele consegue se manifestar, gerando insatisfação, sofrimento, violência, escravidão e guerras.

É nesse setor que ele pode, momentaneamente, ter o controle da situação. Mas, lembremos que a Centelha está contida nele, portanto seu controle é limitado. E ele sabe que, tendo a androginia latente dentro de si, quando ela finalmente vier à tona, ele também terá que se transformar em "comida". Servirá de "alimento" para os demais, vivenciando a caridade tão combatida por ele. Será totalmente o inverso do que ele vive agora. Por isso todo o medo de evoluir! Quem ainda não chegou nesse nível de iluminação sente necessidade de "comer" o Andrógino, de emprestar energia dele. E é exatamente isso que Mefistófeles evita, pois a raiva, o ódio, o ciúme etc. fazem com que ele recue, postergando a sua evolução.

"... não há uma distância intransponível entre o demônio e Deus; o demônio está carregando Deus no fundo do seu coração. Uma vez que esse coração comece a funcionar, o demônio se torna Deus. Na verdade, a palavra *demônio* vem da mesma raiz da palavra *divino;* ele é o divino ainda não evoluído, e isso é tudo. Não que o demônio esteja contra o divino, não que o demônio esteja tentando destruir o divino; na verdade, o demônio está tentando *encontrar* o divino, está a caminho do divino. O demônio não é o inimigo, mas a semente. O divino é a árvore inteiramente florescida, e o demônio é a semente, mas a árvore está oculta na semente. A semente não é contra a árvore; na verdade, a árvore não pode existir se a semente não existir. E a árvore não está contra a semente, elas estão numa profunda amizade, elas estão juntas."

(Osho)

Mas, falando o mais francamente possível, não tenhamos medo de Mefistófeles, do demônio, do satanás, ou qualquer outro nome que ele venha a ter, porque, de qualquer maneira, por ainda estarmos em um mundo de expiações, vamos encontrar muitos Mefistófeles em incontáveis setores da vida. Ele estará nos lugares mais comuns: nas ruas, no seu trabalho, dentro da sua própria casa, enfim, no seu dia a dia, encarnado ou desencarnado. O que cabe a nós é identificarmos essa energia e transformá-la em bondade, caridade e compaixão. Se colocarmos o Amor à frente de todas as nossas atitudes e situações que enfrentamos, Mefistófeles perde a sua força, fica pequeno, transformando-se assim, em uma criança que esperneia por causa de um pirulito que caiu no chão. O Amor quebra qualquer corrente do mal.

Um dia, muito provavelmente, também estivemos no patamar de Mefistófeles. Também já estivemos "dentro da caixinha"! Todos temos o livre-arbítrio de optar ou não por trilhar o caminho rumo à androginia. Mas vale lembrar que, mesmo escolhendo o "não" a luz estará lá dentro de você esperando pacientemente por sua decisão pelo "sim". E, quando isso acontecer, tenha a plena certeza de que fez a opção mais sábia da sua vida!

VI.
Protocolo para
a Iluminação

Sacrifício é uma palavra oriunda do latim Sacrifficium, e significa, literalmente, "ofício sagrado".

O que entendemos por sacrifício? Nos dicionários encontramos alguns significados como: oferta à divindade em expiação de culpa, ou para implorar auxílio; oblação; oferenda. Podemos colocar aqui essas "oferendas" como sendo sacrifícios humanos, de animais etc. Abandono de algo precioso; renúncia. Privações a que alguém se sujeita em benefício de outrem. Sofrimento; custo; esforço.

Se pesquisarmos a mesma palavra em outras fontes, como Wikipédia, encontraremos o seguinte significado: "é a prática de oferecer aos deuses, na qualidade de alimento, a vida de animais, humanos, colheitas e plantações, como ato de expiação (cumprimento de pena/castigo) ou culto. O termo é usado também metaforicamente para descrever atos de altruísmo e abnegação em favor do próximo. Explicando as palavras "altruísmo" e "abnegação", podemos dizer que são similares, pois respectivamente as duas têm praticamente o mesmo sentido: doutrina moral segundo a qual o bem consiste no interesse pelos nossos semelhantes e renúncia à própria vontade ou aos bens materiais; desapego.

O sacrifício que queremos expor aqui é literal, pois ao optar pela androginia, inevitavelmente acontecerá um sacrifício humano. E não somente o sacrifício carnal, mas também o espiritual. Ele consiste, como citado acima, na renúncia total da sua própria vontade. Ao chegar neste estado, você simplesmente não se pertence mais. Por mais que pareça estranho, se a pessoa não se dispuser a ser "comida", não poderá haver evolução para o nível Andrógino. A partir desse ponto todos os seus atos, pensamentos e TUDO O MAIS serão regidos pelo TODO. ELE e somente ELE será o seu Norte. Você não comerá mais. Quem comerá será o Todo. Você não falará mais. Quem falará será o Todo. Não será mais o seu coração que baterá dentro de você, mas sim o coração do Todo, e assim por diante. Você será o canal direto dEle. Resumindo, seu ego ficará totalmente de lado deixando que a Centelha Divina o assuma por inteiro, ou seja, você será o Todo encarnado. E, a partir daí este será o seu Ofício Sagrado. Este é o verdadeiro sacrifício humano.

Uma vez explicada a palavra "sacrifício", como você encararia essa "viagem" até alcançar a androginia? Estaria disposto a se oferecer em sacrifício ao Todo? Corpo e alma? Será que, quando chegar a hora terá "os bolsos cheios" para pagar o preço?

Quando falamos de "iluminação", "individuação", "volta para casa" etc., não quer dizer que depois dessa fusão com o Todo a pessoa poderá se esconder numa caverna e passar o resto da sua vida. Isso seria a coisa mais inútil que um ser humano já iluminado poderia fazer. Pode até optar por isso, valendo-se aí do seu livre-arbítrio, mas de que serviria tanto conhecimento e sabedoria se não fosse para compartilhar com os demais, ajudando-os também a alcançar essa iluminação?

> "... quando você se ilumina, duas possibilidades se abrem: você pode permanecer dentro do templo, no útero do templo onde é escuro e onde não há janelas, sem absolutamente sair de lá, onde a luz não penetra, onde não há som do exterior, sem nada do mundo corriqueiro.... Você pode se sentar em silêncio ali, em absoluto silêncio, em um silêncio sem tempo, e não há razão para você sair e dançar. Mas ainda assim espero que você volte, embora não haja razão. Você pode parar lá, sua jornada estará completa, mas algo ainda estará faltando. Você terá aprendido a ficar em silêncio e agora terá de mostrar se pode ficar em silêncio em

meio ao som; você aprendeu como ficar sozinho e agora terá de mostrar se pode ficar sozinho e também amar. Você terá de sair das montanhas e voltar ao mundo. O teste supremo está ali."

(Osho)

Como dissemos acima, um Andrógino não se pertence mais; o propósito maior e único da androginia é SERVIR ao Todo e aos demais. O Andrógino reconhece sua missão na encarnação presente e aproveitará todas as oportunidades que se apresentarem à sua frente para ajudar aos demais a alcançarem o estado Andrógino.

Cada um de nós tem a androginia latente dentro de si, sendo que, mais cedo ou mais tarde ela acontecerá. Como sabemos, esse é o estado final do ser, mas estando cada um no seu estágio de processo evolutivo, ela emergirá no seu devido tempo.

As explicações acima servirão de guia para que as pessoas entendam, ao longo deste capítulo, o que realmente implica tornar-se um Andrógino. As condições são muitas e também não são tão fáceis assim. Não é somente ter a intenção. É claro que esse é o primeiro ponto a ser trabalhado, ter a intenção. Mas é preciso muito, muito mais do que somente isso!

Se almejamos a androginia, é fundamental e da maior importância que toda e qualquer informação aqui passada como protocolo seja completamente elaborada e entendida pela pessoa.

Uma vez que se tenha dado o primeiro passo, imediatamente haverá uma expansão de consciência através da qual o ser dará saltos e mais saltos para sua evolução, sabendo que não haverá mais volta. Será, por exemplo, como pegar o seu telefone móvel e desconfigurá-lo por completo, apagando-se todas as informações, aplicativos e todas as configurações colocadas ali por você anteriormente. Seu aparelho celular voltará ao estágio inicial, como se você tivesse acabado de comprá-lo. Este é um exemplo bem simples e que serve somente como ilustração numa comparação, mas na realidade, você terá de se despir de todas as crenças, tabus, preconceitos, conceitos etc., que foram incutidos no seu corpo, mente e espírito ao longo da sua vida. Nada mais do que você vivenciou até o presente momento lhe será útil.

A primeira coisa que um Andrógino renunciou foi o seu ego, deixando que a Centelha Divina tomasse conta dele. Em outras palavras, ele SOLTOU tudo o que lhe impedia de chegar ao Todo. E deixar o ego de lado talvez seja para as pessoas normais, o maior desafio, pois, na prática, o ego tem que viver de ilusões, de mentiras, procurando fugir da realidade a qualquer custo, ou seja, fugir do "aqui--agora". Normalmente encontramos pessoas que reclamam do presente, supervalorizando o passado, numa nostalgia sem igual, e também idealizando um futuro sempre achando que será melhor do que o presente, estando sempre insatisfeitas. Não é isso o que acontece? Vivemos eternamente nessa matrix que foi criada para que pudéssemos ser controlados e não nos damos conta de que a realidade é o hoje! Com isso, serão anos e anos de mentiras, ilusões e sofrimentos. O resultado será, fatalmente, a somatização. A pessoa vai sofrer até não ter mais nada em que acreditar, até se render. E, é somente através da rendição incondicional de tudo o que for material, crenças etc., que terá a possibilidade de "sair da caixinha". A tudo isso damos o nome de "SOLTAR"! Não existe outro caminho. Claro que não estamos dizendo aqui que a pessoa terá que se tornar um mendigo, doar tudo o que tem e sair pelo mundo passando frio e fome. Não. O sentido do soltar aqui é o de reconhecer que o que tiver que acontecer na sua vida será única e exclusivamente pela vontade divina. O **"SEJA FEITA A VOSSA VONTADE"** terá que ser prioritário, puro e genuíno.

Transcender os opostos significa exatamente, pensar como o Todo. Ele não tem opostos, é unificado! Mas essa é uma coisa muito curiosa, pois nós, seres humanos, temos a tendência de sempre achar que o Todo é quem tem que se encaixar nas nossas concepções. Como em todas as religiões, pedimos e esperamos que Deus faça por nós. E é isso o que não entendemos. Na verdade, tem que ser justamente o contrário; nos conscientizarmos de que é de cima para baixo. Nós é que temos que servir ao Todo. E, uma vez servindo ao Todo, estaremos fazendo, automaticamente, por nós.

Quem quer alcançar o estado de androginia tem que ter extremo cuidado com a inflação do ego que é a percepção do poder inconsciente que vem à tona. O outro lado dessa moeda é quando a pessoa percebe que essa inflação não levará a nada e então desiste de assumir o controle da própria vida, oscilando entre esses dois fatores, ou seja, se há a intenção e o ego "permite", o limite das crenças é rapidamente alcançado, mas é, exatamente nesse estágio que a pessoa se sabota. Ela quer o crescimento, uma vez que está aberta para isso, mas quando toma consciência, quando percebe o tamanho desse crescimento, quando tem a real noção do quão infinito será esse crescimento, ela puxa o freio automaticamente, única e exclusivamente pelo medo de crescer. É como estar extremamente excitado para escalar uma montanha gigantesca sabendo que, quando chegar ao seu topo estará diante do mais deslumbrante e divino visual do planeta, mas pelo medo dos riscos da subida não dá nem o primeiro passo. Ela não transpõe os seus limites. Então, a pessoa passa a não aceitar, a rejeitar e a reprimir seu progresso, voltando à estaca zero e à zona de conforto sem se dar conta de que, na verdade já cresceu, de que realmente já deu um salto somente com a intenção. Já aconteceu uma expansão de consciência a qual não tem mais retorno. Mas, se é reprimida, acontecem, então, as somatizações, doenças, tristezas, problemas, depressões, e etc. Joga-se tudo para debaixo do tapete até que se tome a decisão definitiva de voltar a crescer. É a sombra que estará lá, fervilhando, viva e ansiosa para ser descortinada e com isso fazer com que a pessoa evolua na sua atual encarnação.

Para a pessoa que aceitou o desafio de escalar a montanha e foi impelida a dar os primeiros passos, logo surgirão as seguintes questões: "Até onde eu tenho capacidade de ir?", "Posso ir mais além?", "Será que eu tenho coragem de transpor a barreira do desconhecido para descobrir meus limites tanto do lado Yin como no lado Yang?" Ela não recuará por mais íngreme que seja a subida. No seu interior, a todo momento ocorrerão inúmeras perguntas as quais sempre serão úteis para o seu crescimento. A pessoa fará de si mesma um laboratório, sempre avançando e transpondo suas próprias barreiras. E, uma vez tendo a consciência de que está crescendo, ela não terá medo de se deixar levar rumo ao desconhecido, pois além de estar amparada pelas mãos do Todo sabe também que o que encontrar, quando chegar ao topo da montanha, será o melhor e mais lindo presente, aceitando com resignação e muita alegria todos os obstáculos da subida.

Todo esse processo de iluminação tem início quando nossos *chakras* são ativados. *Chakras* são cada um dos centros energéticos do nosso corpo, dispostos desde a base da coluna vertebral até o alto da cabeça. Os principais são: Básico ou Sacral, Esplênico, do Plexo Solar ou Umbilical, Cardíaco, Laríngeo, Frontal ou Terceiro Olho e Coronário ou Coroa.

Em termos físicos e também espirituais, ao iniciarmos a jornada rumo à androginia, poderemos notar instantaneamente uma mudança drástica em todos os nossos *chakras*, que ganham velocidade ao serem ativados revitalizando os órgãos internos e o corpo físico como um todo, e a aura torna-se mais brilhante adquirindo cores mais vivas e variadas como as de um arco-íris.

Pensem em um carro rodando por uma estrada. Imaginem que cada peça desse carro, após algum desgaste, possa ser trocada enquanto ele está em movimento. Ao longo dessa jornada, TODAS as peças serão trocadas, e então esse carro chegará ao seu destino totalmente renovado. É exatamente isso que ocorre quando se inicia o processo de iluminação. Uma vez que a androginia é a "volta para casa", então, estaremos renovados junto ao Todo. Mas o desapego tem que ter 100% da sua vontade. É o preço...

Na música "Se eu quiser falar com Deus", que o cantor Gilberto Gil compôs, esse processo é maravilhosamente bem colocado. As metáforas usadas na música mostram perfeitamente o que é preciso fazer para se chegar lá.

Ao longo de toda a música podemos notar a verdadeira entrega. O "falar com Deus" significa se unificar, se juntar a Ele, se Re-Unir, por isso, em cada frase temos um passo. O "estar nu" é nos despirmos do nosso ego, seguir pela estrada desconhecida e alegrar o coração! Se não voltarmos a ser como crianças, "puras" no seu sentido mais literal, não entraremos no "Reino dos Céus". Esse é o real sentido da androginia; é estar totalmente despido de tudo para se oferecer em sacrifício e ser uma oferenda ao Todo. Se permitir ser "comido". Nu e cru.

Em todos os rituais religiosos, em algum momento, alguma coisa é ofertada como sendo uma "refeição". No catolicismo, hóstia e vinho, no judaísmo, a *chalah* (pão judaico trançado) e o vinho, entre outros cultos. Tudo é alimento em nossa vida, pois sem isso não viveremos, não é verdade? Quando abraçamos alguém, principalmente alguém especial, às vezes não queremos mais largar, de tão bom que é estar naquele abraço. Mas, o gesto de abraçar, de sentir a energia boa da pessoa te envolvendo é, na verdade, a mesma coisa que estar se alimentando dela. As pessoas não têm a noção do que significa realmente um abraço. Você, literalmente, está se preenchendo, se abastecendo da energia da outra pessoa, e vice-versa. É uma troca, um alimentando o outro.

Vamos citar um trecho do livro *Deusas, Os Mistérios do Divino Feminino*, de Joseph Campbell que expõe muito bem essa necessidade que temos de comer e sermos comidos e o porquê: "Muito do que sabemos sobre os cultos de mistério nos vem dos escritos apologéticos cristãos que os depreciavam. Clemente de Alexandria chegou a dizer 'Que absurdo. Imaginem um ritual que culmina na experiência de ver um grão de trigo ser elevado! 'Ora, o momento culminante na missa católica consiste na elevação de um pequeno biscoito de trigo – o que importa não é a forma do trigo, se em biscoito, grão ou ramo dourado, mas o que ele simboliza: o alimento de nossa vida espiritual, a comida espiritual que vence a morte. (...). Este é o mito: nos tempos primevos não havia separação entre os sexos, nem nascimento, nem morte e reinava uma espécie de presente permanente. Em dado momento desse 'tempo que não é tempo' foi cometido um assassinato. Um dos seres foi morto, retalhado e enterrado e, das partes sepultadas, brotaram as plantas alimentícias para sustento dos povos. Naquele mesmo instante os sexos se diferenciaram e para contrabalancear a morte que chegara, houve geração e nascimento. O mundo começa com um assassinato, o mundo do tempo inicia com a morte, pois tempo é morte. Fora do tempo tudo dura para sempre. Mas o tempo é morte, e a desintegração da forma, possibilita o surgimento de uma nova forma. (...). Portanto, o que comemos é uma deidade morta, seja um animal que matamos, ou uma planta que colhemos. Dar graças antes das refeições teve seu sentido reduzido a um agradecimento a Deus por *ser* alimento. Esse é o sentido da comunhão na Igreja católica, onde o que se come é Deus – Jesus, que deu a vida para que nós tenhamos vida.

Esse é o sentido dos mistérios; nossa vida vive de vida. Será que aceitamos esse fato? Ou pensamos: 'Eu esperava que nossa vida fosse algo diferente disso'? Esse é um mistério de afirmação das coisas como *elas são* e de tudo o que é simbolizado na elevação do grão de trigo. As várias cestas utilizadas nos rituais eram, ao que parece, formas de produzir esse choque de percepção: todo *corpo longo* de nossa vida e também a comida que comemos é o ser divino, nós mesmos como comidas.

A *Taittirya Upanishad*, (...), afirma em alto e bom som: 'Oh, maravilha! Oh maravilha! Oh, maravilha! Eu sou comida, eu sou comida, eu sou comida, eu sou o comedor, eu sou o comedor, eu sou o comedor...! Aquele que percebe isso, brilha como o Sol'. O objetivo dos mistérios não é impedir que o alimento que somos chegue à boca daqueles que nos vão consumir, mas acolher essa consumação.

Quem assistiu ao filme "Perfume – A história de um assassino" do diretor Tom Tykwer (2006), verá que se trata do mesmo assunto, metaforicamente. O personagem principal, no final, literalmente se deixa comer, pois se entregou para isso, para ser alimento! O conceito de que todos somos esse alimento e, ao mesmo tempo somos os comedores, assusta. Mas, se a androginia é a meta, não pode ser diferente, tem que se deixar comer, servir de alimento ao próximo, sem restrição de quantidade, sem olhar a quem. É doação! Sem isso, o Andrógino não existe. Por isso dizemos que somos uma coisa só. É o ciclo da vida!

Podemos concluir, então, que a vida do Andrógino é literalmente um ritual de sacrifício humano, pois ele oferece a sua própria energia vital, que está sempre sendo renovada pelo Todo, trabalhando, estudando e ajudando aos demais. E sabemos que o que mais temos hoje pelo mundo é a fome em todos os sentidos da vida, tanto física como espiritual. Quanto mais pessoas se dispuserem a alcançar a androginia, mais pessoas serão ajudadas e alimentadas, pois a carência é generalizada: ricos e pobres, doentes e saudáveis, mulheres e homens, crianças, animais, etc., TODOS precisam de comida! A dinâmica da vida do Andrógino é de doação constante, contínua. Se não houver essa doação, se ele não servir como alimento, se não se entregar ao outro, seu trabalho estará incompleto. Ele só estará feliz se puder ser o alimento. A Carne e o Sangue. O Pão e o Vinho!

Existe uma lista de coisas para internalizar, seguir e fazer que trará êxito na sua caminhada até a Androginia:

A primeira e mais importante é o SOLTAR! Seguir em frente, sem ansiedade, pressão ou desespero. Deixar as coisas fluírem naturalmente.

Manter o foco e colapsar somente o positivo.

Cancelar todo e qualquer pensamento negativo assim que eles vierem a sua mente, e no mesmo instante, pensar em algo positivo.

Empreender sabendo interpretar as intuições. O silêncio interior auxilia para que você consiga "ouvir" a ideia que será passada para você. Esteja atento.

Proatividade. Seja você o seu maior incentivador. Dê você o primeiro passo.

Assertividade. Siga e ouça sempre os conselhos da sua Centelha Divina. Ela sempre tem as melhores e mais acertadas respostas.

Paciência. Todas as pessoas e coisas têm o seu ritmo. Saiba aceitar e esperar, inclusive o seu próprio.

Criatividade. Tudo tem um modo diferente de ser resolvido. Procure!

Fazer da alegria sua parceira constante. "Se não fordes como crianças...". Isso foi dito há pouco mais de dois mil anos, e continua valendo. A ideia é que sejamos alegres como crianças. Sem a emanação da alegria pura e genuína, nada acontece. Quando há a alegria, há a gratidão. Não há limite para o que o Todo possa fazer, emanar e resolver. A oração faz essa conexão, mas isso só acontecerá através da alegria sobre-humana, a que não baixa de frequência nunca.

Andar no desconhecido. Ultrapassar suas fronteiras e limites.

Ter compaixão. Empatia. Faça aos outros o que gostaria que fizessem com você.

Trabalhar, estudar, ajudar e DOAR-SE, sempre.

E a principal de todas: TER AMOR INCONDICIONAL por si e pelo próximo. "Amai ao próximo como a ti mesmo...".

Quando estamos no caminho para a Iluminação há ainda certos pontos que precisamos deixar para trás:

Não oscilar. Manter os pensamentos em sintonia com o Todo ininterruptamente. ELE é a sua meta.

Não ter pensamentos mágicos do tipo "tem que dar certo". Não podemos forçar as leis cósmicas. O Universo sabe o que é importante para nosso progresso.

Não fazer dívidas. Os erros do passado não poderão ser repetidos nessa sua nova empreitada.

Não colocar o ego na frente das situações. Toda vez que isso acontecer, não haverá espontaneidade. Não será a vontade do Todo. Deixe a sua Centelha falar mais alto.

Resumindo, o correto é tirar toda negatividade da vida. Coisas contrárias certamente acontecerão, é natural. Os obstáculos são inerentes a esta dimensão, mas o segredo é não deixar que a negatividade tome conta dos seus atos e pensamentos. Caso isso aconteça, todo o processo voltará à estaca zero. Por exemplo, se você se envolveu em um incidente de carro. O segredo é não fazer disso uma tempestade. Foi inevitável. Simplesmente aconteceu. Portanto, procure resolver da melhor maneira possível, sem se alterar para que se mantenha o equilíbrio. A solução virá de uma forma ou de outra.

Quando se fracassa em um degrau não se consegue chegar à Iluminação. Todos esses itens estão contidos na Androginia e são requisitos básicos e essenciais para que tudo ande e você transcenda. É importante que se tenha consciência e se internalize cada ponto referido acima.

A partir do momento que você tenha a intenção de iniciar esta jornada, há que se ter a total certeza de onde seus pés o levarão. Basta querer e, então, dar o primeiro passo, lembrando-se de que é um caminho sem volta. Mas o prêmio que nos é oferecido ao cruzarmos a linha de chegada, não tem preço, pois você terá voltado para casa, onde o Todo estará lá na porta de braços abertos!

VII.
O Andrógino e
suas habilidades

O Andrógino, ao longo de sua vida, teve que confiar cegamente no Todo e em si mesmo, pois sabia que o caminho que escolhesse seguir para a sua própria evolução não seria dos mais fáceis. Mas, ele entendeu que tudo nele seria potencializado caso se unisse "novamente" ao Todo. Então, ele se permitiu vivenciar, testar e a sentir na própria carne tudo o que fosse possível para posteriormente desfrutar de todos os benefícios de ser um Andrógino. Ele foi seu próprio laboratório.

Suas características são muitas. Podemos citar aqui, as mais relevantes talvez, sabendo que o Andrógino sempre está em total ascendência e evolução em sua jornada, transpondo barreiras e limites na sua vida, sempre. Literalmente, o conhecimento não ocupa espaço, portanto, quanto mais, melhor.

Essas características tão marcantes fazem com que o Andrógino seja uma pessoa não entendida por aqueles que ainda estão "dentro da caixinha".

Claro, essas qualidades fazem dele um ser diferente dos demais, e é aí que as questões da vida, para os que estão na caixinha, ficam mais complexas.

O Andrógino veio para que a mudança de paradigmas seja radical, e é assim que ele leva a sua própria vida. Ele atua justamente neste sentido: como já está unificado, agora trabalhará para mudar a vida das pessoas para melhor, do mesmo modo como aconteceu com ele. O objetivo é que mais e mais pessoas cheguem ao estado Andrógino.

Vamos expor abaixo muitas qualidades do Andrógino. Elas não estão em ordem alfabética, tão pouco em ordem de importância, pois no seu caso todas elas estão no mesmo patamar, ou seja, são divinas. E tenha certeza de que cada uma é potencializada em cada ato do Andrógino.

Ele é:

Pacificador: Essa é a primeira característica do Andrógino. Em nenhum momento o veremos alterado, falando alto, ou saindo do seu controle. Em uma negociação, por exemplo, ele procura o melhor interesse de todos. Pensa sempre em um acordo em que ambas as partes fiquem satisfeitas. Se ele nota que algum conflito está se formando, imediatamente reverte a situação, soltando o problema. O Andrógino não faz questão de nada, principalmente de coisas materiais. Exemplo: se ele precisar se mudar de uma casa para outra e, por algum motivo, ou se alguém fizer questão, ele tiver que deixar todos os móveis na antiga casa, ele os deixará sem o menor apego, pois sabe que conseguirá, através do seu trabalho e esforço, outros móveis tão bons e funcionais quanto os anteriores. Sendo, para ele, somente uma questão de tempo.

Visão de mercado: O Andrógino cria continuamente porque tem um canal aberto com o Todo. Isso o permite ver oportunidades de mercado nunca vistas, sendo estas até mesmo consideradas "fora da caixinha", o que é uma dificuldade gigantesca para os demais. Não entendem que é uma oportunidade incrível de crescimento pessoal e financeiro, pois os canais de criatividade estão totalmente abertos.

As infinitas possibilidades da Mecânica Quântica são absolutamente reais, mas é preciso entender e enxergar se: "o gato está morto, se está vivo, morto-vivo ou vivo-morto, ou ainda, nem morto e nem vivo. Este é o estado de qualquer empreendimento, negócio, ideia, etc. A questão é enxergar isso.

O problema da prosperidade simplesmente não existe, mas é real para aquele que acredita que é real. Acontece que, enquanto a pessoa não se tornar um Andrógino, não entenderá isso, pois não tem a mesma visão. Só enxergará problemas ao invés de soluções.

A limitação da criatividade existe porque querem que a ideia criativa seja aceita por quem está dentro do paradigma atual. Essas ideias criativas fluem vinte e quatro horas por dia, naturalmente;

basta que a pessoa fique em silêncio e espere a ideia surgir. Elas virão! O problema é que somente um Andrógino pode colocá-las em prática.

Quando se pergunta para um Andrógino: "o que posso fazer?", ele consegue dar centenas de ideias, mas a pessoa não consegue aplicar nenhuma, porque, geralmente, essas ideias estão fora dos "padrões normais". E, sendo o Andrógino um canal direto do Todo, é óbvio que essas ideias vêm diretamente dEle. Uma vez que elas estão "fora dos padrões normais", a pessoa fica confusa e então, acontece uma agitação mental tamanha que essas ideias não encontram brechas para serem elaboradas e realizadas. Resumindo: todo o problema está em transcender o pensamento comum para poder usar essa criatividade.

Exemplo 1: Um filme ou livro sobre a deusa Afrodite. Qual é o limite que esta civilização suporta de verdades sobre Afrodite? Será que todos os pontos abordados serão assimilados? Quanto de verdade sobre Afrodite as pessoas "normais" suportariam conhecer?

Exemplo 2: Pontos que os taoístas descobriram sobre o orgasmo. Como nossa civilização recebe essas informações sendo que isso já está codificado?

Imaginação: Capacidade de abstração do Andrógino é surpreendente. A conversa entre dois Andróginos é um exemplo bem definido do nível da sua imaginação. Quando esse encontro acontece, é de se esperar que muitas ideias surjam em questão de poucos minutos, tanto para a criação de novas ideias como para a resolução de inúmeros problemas.

Raciocínio lógico: O Andrógino é matemático. Na verdade, ele precisa ser! Como todos sabemos, ele não desperdiça seu tempo com coisas que não trarão desenvolvimento positivo para os demais. Sua capacidade de estar sempre concentrado em seu trabalho para o bem é o que faz com que ele seja objetivo e também cauteloso, mas sempre com muita amorosidade. Ele sempre está pensando à frente, então, para os demais poderem acompanhá--lo, é preciso que ele desacelere, tenha paciência e entenda o ritmo da pessoa para que a conversa possa continuar fluindo.

Foco: É a capacidade de estar no aqui/agora 100%. Isso significa estar plenamente "acordado" em todos os aspectos da realidade. Se a pessoa está no aqui/agora, é capaz de analisar a melhor situação e o melhor caminho a ser adotado. Foco multidimensional no objetivo, adaptando-se para as eventuais transformações, mas mantendo-se no rumo do alvo. Nada tira o Andrógino do seu foco. Exemplo: A bandeirada final de uma corrida de Fórmula I. O foco do Andrógino é a linha de chegada.

Concentração: É a capacidade de focar intensamente em qualquer objetivo. Isso permite receber informações multidimensionais. É silenciar a mente para colocar em prática todas as informações recebidas de outra dimensão. Quando o Andrógino se concentra, essa realidade tridimensional desaparece e somente o foco da concentração é real. A concentração é fundamental para o colapso da função de onda.

Canalização: Ao longo de sua vida, o Andrógino se desenvolveu muito espiritualmente. É certo que, com tanta energia positiva, ele atraia mais e mais energias do mesmo nível, e nesse caso, espíritos elevadíssimos, seus mentores. Sendo assim, ele permite que esses espíritos evoluídos "usem" seu corpo físico para receber e transmitir às outras pessoas todo o conhecimento "possível" de ser passado. Para quem não entende o que significa uma canalização, é quando um espírito "incorpora" um ser encarnado para transmitir uma mensagem, seja ela verbal, física ou escrita. Quando essa canalização acontece, há evolução tanto para o Andrógino como para o espírito que o incorpora. Para o Andrógino porque, através disso, ele está contribuindo para que informações importantes de outras dimensões cheguem a esta nossa dimensão para que haja progresso e também para abertura de consciência das pessoas que estão recebendo essas informações, e sendo um Andrógino, é mais do que certo de que somente espíritos elevados venham a incorporá-lo devido à alta emanação de energia positiva. E também para o espírito, pois, quando ele se propõe a ajudar através da canalização, há uma grande evolução para ele também, pois está prestando um grande serviço. Assim, o que é passado através do Andrógino, é informação totalmente aproveitada para o progresso de todos. É como um acordo entre os dois. E sempre há mais de um espírito evoluído que irá contribuir. O Andrógino, sendo um canal direto do Todo, se entrega totalmente para que essa incorporação aconteça de forma natural, e também, para que as mensagens passadas sejam as mais claras, fidedignas e proveitosas possíveis.

Superaprendizagem: O Andrógino tem a capacidade de aprender rapidamente qualquer novo assunto, captando-o e colocando-o em prática imediatamente. Se um Andrógino se propõe a realizar projetos de que ainda não tem conhecimento, ele estuda a fundo todas as possibilidades de gerar esse projeto, e com foco, concentração e estudos profundos, consegue realizar o que lhe foi proposto. Exemplo: Assimilar a capacidade de gerenciamento de um diretor em qualquer área.

Desdobramento: O Andrógino desenvolveu em si esta técnica maravilhosa que consiste em estar em vários lugares ao mesmo tempo.

O desdobramento se dá quando a pessoa está fisicamente, por exemplo, em uma reunião, e seu espírito está em outra, porém, nos dois momentos ela se encontra totalmente consciente. Para o Andrógino isso é de extrema importância, pois com tantos projetos que ele gerencia, através desse processo, ele os mantém em andamento, tanto nesta como em outras dimensões.

Criatividade: O Andrógino usa a sua criatividade a todo momento. Para ele, nunca um dia é igual ao outro, sempre procurando um meio diferente de fazer as coisas acontecerem. Não há rotina na vida de um Andrógino. Toda e qualquer decisão que ele tome está baseada na criatividade. Com alegria e sabedoria, aliadas a toda sua criatividade, o Andrógino resolve todas as suas questões, muitas vezes da maneira mais inusitada, o que é difícil para as pessoas normais, tanto de entender como colocar em prática.

Visualização: Há fases em nossa vida que passamos por momentos muito difíceis, não é verdade? E também, muitas vezes, é nesses momentos que, por estarmos tão envolvidos no problema, não conseguimos enxergar a solução. Somente alguém que está de fora da questão é que pode nos entender e trazer com mais tranquilidade a solução adequada. No caso do Andrógino isso acontece todas as vezes que ele vê um problema. Ele, tendo a visão geral da questão, se coloca fora do problema. Desse modo, as respostas chegam a ele de forma mais tranquila e clara.

O Andrógino pensa à frente. Quando um problema chega até ele, é inevitável que não se envolva. Em sua concepção, se uma pessoa está passando por um momento difícil e isso chega até ele, esse problema passa a ser dele também. Então, dentro de si inicia-se um processo de elaboração para a solução desse problema. Mas, podemos ter certeza de que a solução que ele trouxer, será a melhor possível. Mas, ele segue sempre respeitando a regra básica do livre-arbítrio: ele ajuda a quem se permite ser ajudado.

Autoconfiança: Qual é o sentimento que um passarinho tem quando pousa no galho de uma árvore? Ele tem a plena certeza de que aquele galho que escolheu pousar suportará seu peso perfeitamente. Sabe também que, se por acaso esse mesmo galho vier a quebrar quando pousar, ele poderá voar. Esse é o nível de autoconfiança de um Andrógino. Ele sabe quem é, do que é capaz e confia plenamente em suas habilidades. Isso é ter ego forte.

Espiritualidade: É a consciência da sacralidade de tudo e a ação em função disso. O Todo é TUDO-O-QUE-EXISTE. O Andrógino aplica esse conceito de forma integral em sua vida. Para ele tudo é sagrado e merece respeito, pois sabe que se tudo é energia, incluindo a nós mesmos, então, tudo é o Todo! Exemplo: conversar com animais, plantas, etc.

Defesa psíquica: O Andrógino tem o poder de afastar e controlar qualquer influência mental negativa. Exemplo: emanar um escudo protetor em torno de si por onde nenhuma energia psíquica negativa consiga passar.

Controle da mente: O Andrógino não permite que nenhuma energia externa controle sua mente. Ele mantém um bloqueio energético de autoproteção. Sabe identificar toda ideia estranha a própria mente e a cancela. Exemplo: Se os negativos tentarem incutir na mente do Andrógino a ideia de lesar alguém, seja em que sentido for, é óbvio que não terão sucesso. Ele está totalmente centrado e envolvido pela energia do Todo, que é só Amor. Portanto, será certeza de que os negativos fracassarão em suas investidas. Será pura perda de tempo e energia para eles.

Energia: Capacidade de administrar a própria energia com o autocontrole do nível de *chi* (energia vital), recarregando-se diretamente com o Todo, o que faz dele uma pessoa que emana total energia positiva. E, as pessoas que se aproximam dele se beneficiam, pois, mesmo sem saber, se abastecem. Estar perto de um Andrógino é como se conectar a uma tomada e se energizar!

Sexto sentido: Capacidade de tomar a melhor decisão mesmo com mínimas informações sobre o assunto. Ainda que o Andrógino não tenha total conhecimento da situação que lhe é apresentada, ele certamente pensará e agirá com bom senso para que tudo se resolva com paz e harmonia.

Metafísica: Capacidade de perceber informações além do mundo sensorial. Exemplo: mediunidade, ouvir vozes, etc. Essa característica permite ao Andrógino se manter totalmente ligado com outras dimensões, recebendo informações importantes que auxiliarão na sua evolução e, consequentemente, na dos demais em seu entorno.

Cancelar memórias ruins: O Andrógino consegue cancelar memórias emocionais ruins, voltando na linha do tempo ou atuando diretamente no seu campo emocional. Exemplo: voltar exatamente no momento em que a memória ruim foi gravada no subconsciente. Ele, em sua consciência, volta à aquela cena em que aconteceu o episódio ruim e o substitui por um outro episódio feliz no lugar, apagando assim o trauma sofrido.

Oratória: Capacidade de explicar qualquer assunto no nível do ouvinte. A mente de um Andrógino não para nunca, e com isso, sabemos que ele se expressa de um modo mais complexo. Mas mesmo assim, ao expor algo e sabendo que o nível de entendimento dos espectadores é menos elevado ou imaturo, ele consegue voltar alguns passos atrás e explicar o assunto de uma maneira que todos venham a entender seus pontos, até mesmo metaforicamente. Exemplo: explicar mecânica quântica para alunos de uma escola primária.

Comunicação: Quando duas pessoas conversam, sejam elas de gêneros diferentes ou iguais, podemos notar claramente que um quer se sobrepor ao outro para "vencer" a conversa, como se uma pessoa quisesse convencer a outra a aceitar o seu pensamento. Essa situação é muito natural quando pessoas "normais" dialogam. Mas com um Andrógino acontece exatamente o contrário, há uma troca. Ele expõe suas ideias e pensamentos e logo passa a palavra para a outra pessoa, sem que seja pedida, e com muita paz e harmonia, escuta o que o outro tem a dizer. E dessa conversa, podemos ter a certeza de que qualquer resolução será benéfica para as duas partes.

Se essa mesma conversa for entre dois Andróginos, isso se torna um ato totalmente cordial, onde o resultado será sempre luz. Haverá tanta gentileza nessa conversa que o único resultado para qualquer problema exposto será a solução com ideias criativas, em um espaço de tempo muito curto. Em poucos minutos a solução virá. Sabemos que o Andrógino é um canal direto do Todo, então, se dois Andróginos conversarem, serão dois canais diretos do Todo trocando ideias. Será o Todo falando através dos dois. Nesse estágio, o ego não controla nem fala mais; serão duas Centelhas interagindo. Se houver três Andróginos nessa conversa, tudo se exponenciará ainda mais, porque serão três Centelhas em união, e assim por diante.

Zen: Capacidade de ficar no aqui/agora 100%, fluindo com o Universo. O Andrógino nunca está "dormindo" na vida. Pessoas normais estão "sonhando", estão dentro da Matrix ou, em outras palavras, dentro da "caixinha", vivendo um conto de fadas, podemos assim dizer. Elas sonham com o carro novo, com os parceiros, com coisas que, na verdade, não trarão a felicidade real, estão na zona de conforto. Já o Andrógino está vinte e quatro horas por dia consciente, vivenciando o momento presente e sabendo exatamente o que está acontecendo ao seu redor. E, mesmo estando nesse grau de consciência, ele segue o fluxo da sua vida, deixando-se levar por ela, sem debater-se.

Visionário: O Andrógino pensa muito além dessa dimensão. Seus projetos são tanto para agora como para daqui há muitos anos. E esses projetos são totalmente viáveis, mas para as pessoas consideradas normais, pode parecer totalmente sem nexo, ou mesmo loucura. Mas, se pararmos para pensar e analisar, o Andrógino já sabe que dará certo, por isso, planta no momento atual, para quando chegar a hora da concretização, as bases já estarão totalmente prontas.

Existe um ditado árabe que diz: "quem planta tâmaras não colhe tâmaras". Como curiosidade, antigamente, o tempo entre o plantio da semente de uma tamareira até a colheita de seus frutos era, em média, de oitenta anos (atualmente, com tecnologia avançada, o tempo para a colheita ficou bem reduzido). Certamente, quem plantava uma tamareira sabia que a colheita só aconteceria na próxima geração da sua família. Pois é assim que um Andrógino atua em sua vida. Seus planos são também para as próximas gerações de pessoas que futuramente nascerão neste e em outros planetas!

Artista: O Andrógino assimila habilidades com facilidade na medida dos seus desejos e necessidades. Um grande exemplo disso é a canalização do espírito de um pintor para que este possa se expressar em uma tela através do Andrógino.

Controle de qualidade: O Andrógino tem a total confiança de que tudo o que ele fizer da primeira vez, será bem feito. E, de fato, se imaginarmos que ele coloca Amor em tudo o que faz, é praticamente impossível que o resultado seja algo contrário ao Amor. Exemplo: se ele se propuser a fazer uma comida, esta terá um sabor diferente. Na verdade, terá um tempero a mais: o *chi* do Amor!

Protetor: Capacidade de proteger a si e aos demais de ataques energéticos e psíquicos no seu entorno.

Todo o trabalho do Andrógino é para o bem comum. Isso faz com que os negativos se agitem, pois não querem o progresso das pessoas. E, uma vez que tanto o Andrógino como quem está ao seu redor são passíveis de sofrerem ataques dos negativos, essa situação é bloqueada assim que tenha sido identificada.

Professor: O Andrógino é um professor nato. Ele sente a necessidade de passar adiante todo o conhecimento adquirido ao longo da sua vida. E é claro que ele literalmente "mede" o que pode passar, pois tem a plena consciência de que cada ser está em um grau evolutivo.

Conhecimento é poder, e o Andrógino, sabendo disso, compartilha-o amorosamente de acordo com a necessidade e entendimento de quem o está recebendo. Ele ensina como é a realidade última.

Uma das principais missões do Andrógino é fazer com que as pessoas que estão ao seu redor enxerguem que estão dentro da "caixinha" e deem o salto para fora dela, pois é justamente fora que a realidade do mundo habita. Como diria Joseph Campbell: "a vida como ela é"! Ele incentiva que as pessoas sejam quem elas realmente são: espontâneas! Ele respeita o tempo e o livre-arbítrio de cada um lembrando, mais uma vez, que ele ajudará a quem se permitir ser ajudado.

Criador de equipes de trabalho: Nada nem ninguém fica sem "utilidade" ao redor do Andrógino, pois para ele todos têm uma habilidade que será aproveitada em algum momento ou em alguma atividade que ele coordenará. A todo instante ele está fazendo algo para o progresso de alguém, e isso consequentemente, gera mais e mais trabalho. Nesse contexto, ele organiza equipes de trabalhadores para que, em parceria, todos sejam beneficiados e progridam. Como o Andrógino está engajado em muitos empreendimentos, ele vê oportunidade de criar equipes em cada um deles.

Gerente: O Andrógino tem uma habilidade inerente de gerir. A todo momento ele se engaja em um projeto novo, e apesar disso, consegue gerenciar todos eles com destreza e segurança.

Escritor: Ao longo da vida do Andrógino, ele aprendeu muitas coisas, sabe que precisa passar esse aprendizado adiante e faz isso escrevendo livros! Ele acredita que todo o seu conhecimento terá que ser registrado para que gerações futuras tenham acesso a essas informações. Ele entende que a onda das informações contidas em seus livros irá "despertar" mais e mais pessoas para que formem uma massa crítica. Tudo o que estiver contido neles servirá de catapulta para o despertar das pessoas.

Coach: Um *coach*, na verdade, presta uma consultoria personalizada. Imaginem a consultoria de um Andrógino? Se nos basearmos em todas as qualidades de um Andrógino, poderemos imaginar o nível de suas orientações. É certeza de sucesso! Imaginemos, então, algo mais adiante: nós, já como futuros Andróginos sendo *coaches* de nós mesmos.

É a perfeição! E, quando atingirmos esse estado, pensemos no quão gratificante será podermos passar adiante o conhecimento que nos foi doado! Reação em cadeia...

Liderança: Existe uma diferença muito grande entre um chefe e um líder. Um chefe tem empregados, já um líder, tem parceiros. Um chefe manda, um líder, acompanha na tarefa delegada, entre outras diferenças.

O Andrógino tem parceiros e acompanha de perto as tarefas que delegou pois é um líder nato e quer ter a certeza do sucesso de seu parceiro. Cada pessoa que trabalha com ele assume suas próprias responsabilidades. O Andrógino dá liberdade e acompanha a todos com Amor e dedicação, orientando para que cada um extraia o melhor resultado de si e do seu trabalho. Ele ensina como fazer para que a pessoa possa posteriormente andar com seus próprios pés. E o mais importante, ele trata a todos com igualdade. Esta é uma característica fundamental em um líder.

Delegar: Uma vez que o Andrógino é um excelente líder, ele sabe como delegar tarefas e o faz justamente para as pessoas que ele sabe que executarão o serviço com Amor. Ele tem orientação superior para eleger a pessoa que melhor fará o trabalho proposto.

Proatividade: O Andrógino literalmente "faz as coisas acontecerem". Ele tem a capacidade de ver adiante o resultado de seus projetos, portanto, toma a iniciativa de agir para que se concretizem. Se ele tem uma ideia e sabe que isso poderá trazer benefícios a todos, ele age rapidamente para que essa ideia original se torne realidade. O Andrógino se antecipa aos acontecimentos, valendo-se disso de sua forte intuição.

Assertividade: Em nenhum momento da vida passa pela cabeça do Andrógino usar, prejudicar ou enganar alguém para ascender em qualquer setor da sua vida. Em vez disso, ele usa, sim, tanto a sua habilidade quanto a dos demais para que todos progridam em conjunto. Nada que ele faça é para se colocar em primeiro plano. O sucesso dos outros é o seu sucesso.

Negociador: Se um Andrógino entra em uma cena de negociação, podemos ter a certeza de que todos sairão ganhando. E ele fará isso da maneira mais consciente possível. Saberá também identificar quem quer levar vantagem sobre dele. Caso isso venha a acontecer, ele sairá de cena e soltará a negociação no primeiro momento que sentir que poderá ser lesado, pois ele não brigará nem pedirá satisfações sobre o ocorrido. Simplesmente ele soltará a situação partindo para outra oportunidade que traga benefícios para ambos os lados.

Espírito de sucesso: Digamos que o Andrógino tenha o "toque de Midas". Se ele se propõe a empreender um projeto, será certeza de sucesso, mas claro que avaliando anteriormente todos os prós e contras. Depois dessa avaliação, se ele enxergar que existe a possibilidade concreta de realização, então ele se doará por inteiro para que esse projeto ande e prospere.

Vendedor: Como em todas as áreas que o Andrógino obtém sucesso, em vendas não poderia ser diferente, lembrando que ele não concretizará uma venda se o resultado não for benéfico para os dois lados. Por exemplo, um Andrógino nunca forçará ou pressionará uma pessoa a comprar o que ela não quer. Ele entende que colocando pressão para realizar a venda, forçando a pessoa a comprar, acontecerá justamente o contrário. Isso só afugentará os clientes. E isso em qualquer área de vendas.

Coragem: Para uma pessoa normal, encarar desafios pode ser uma tormenta. Primeiro vem o medo, depois a insegurança. Se temos algo importante para resolver em determinada data, conforme os dias vão se passando, vamos sendo tomados de um certo nervosismo e também de ansiedade. É natural. Mas isso não acontece no caso do Andrógino. Se é algo que ele sinta que possa ser benéfico, ele encara esse desafio com extrema coragem, sem ansiedade, sem medo, com total equilíbrio e serenidade. A coragem é inerente ao Andrógino.

Artes: Para atuar nas artes em geral é necessário que se tenha um mínimo de sensibilidade, e isso o

Andrógino tem muita. Todas as habilidades artísticas podem ser incorporadas no Andrógino. Através da canalização que explicamos anteriormente, ele consegue se expressar em todos os ramos das artes.

Finanças: O Andrógino possui intuição financeira perfeita para saber qual o melhor tipo de investimento a fazer e também o momento adequado para obter sucesso ou não.

Literatura: Através da transferência de informações e também da incorporação de inúmeros escritores o Andrógino pode perfeitamente desenvolver estórias, estruturar roteiros, etc.

Profissões: Em qualquer profissão que o Andrógino se proponha a atuar, ele terá sucesso, bastando apenas que ele coloque o foco na área escolhida.

Ele também é um *expert* em visualizar e despertar novas habilidades nas pessoas que o rodeiam, tendo o dom de extrair "algo mais" além daquilo que as pessoas já fazem atualmente, incentivando-as a ter uma nova carreira.

Investidor: Em se tratando de investimentos, o Andrógino consegue avaliar as melhores oportunidades, sejam elas no mercado financeiro, imobiliário, etc. Ele consegue perceber as oscilações desses mercados para que sejam feitas as melhores negociações, mas, claro, batendo o martelo somente na oportunidade que seja melhor para todos.

Bom senso: A cada atitude tomada pelo Andrógino, podemos estar certos de que ela será a mais sensata. O bom senso estará presente em cada passo dado pelo Andrógino. Esse bom senso envolve invariavelmente o bem-estar de todos.

Esportes: O Andrógino pode escolher o esporte que o agrade praticar e ter a certeza de que se sairá bem. Em qualquer modalidade que colocar seu foco, ele será bem-sucedido. A energia vinda do Todo o auxiliará para que sempre esteja apto a praticar qualquer esporte.

Entendimento de como a energia funciona: É a total capacidade de entendimento e assimilação de como a Mecânica Quântica funciona, de que tudo é energia e que pode ser transmutada.

Comanda a própria transformação: Ao longo de sua vida o Andrógino passou, passa e ainda passará por inúmeras mudanças físicas, espirituais, intelectuais e mentais. Como sua mente não para ele está em constante transformação. Ele mesmo se desafia e se lança para novos horizontes. E, vivendo sob inúmeros arquétipos, ele pode ser exatamente quem ele quiser ser. O que precisamos deixar claro aqui é que toda informação está disponível para o Andrógino. Não há nada oculto para ele.

Clareza de pensamento: O Andrógino tem pensamentos claros com relação à vida. A verdade lhe é apresentada sempre que se faça necessário. Ao estar diante de uma pessoa, ele não precisa de muito tempo para que ela se mostre tal qual ela é. Ele consegue enxergá-la e analisá-la em poucos segundos, fazendo assim com que entenda perfeitamente o que a pessoa precisa rápida e eficientemente.

Com o desenvolvimento de todas essas qualidades e habilidades citadas, o Andrógino se tornou um ser livre. Ele não precisa de nada nem de ninguém. Ele simplesmente "É", pois confia que o Todo proverá o seu "pão de cada dia" em todos os sentidos, lhe restando somente estudar, trabalhar e ajudar aos demais colocando Amor incondicional à frente de todos os seus atos.

Sabemos que a androginia é o estado final do ser humano. Mas quanto tempo isso ainda pode levar para que tenhamos consciência de nossa condição de seres humanos medíocres, e para que tomemos as devidas providências para evoluirmos e nos iluminarmos mais rapidamente? Anos? Séculos? Milênios, talvez? Será que não podemos encurtar esse caminho? Será assim tão desesperador nos tornarmos Andróginos? Será que, depois de tomarmos conhecimento de todas essas vantagens acima, ainda relutaremos? Só há vantagens!

Cada vez que nos doamos ao próximo, o Todo aumenta sua gratidão. Sim, Ele agradece, pois é através de nós que Ele pode vivenciar a bondade e a compaixão, nos recompensando com mais coisas boas ainda. O Todo não tem limites...

Reconhece-se um Andrógino a partir de todas essas características que mostramos acima. Elas são a maior prova de que o Andrógino existe, de que está entre nós e de que a transformação é possível de ocorrer com qualquer pessoa que se propuser a dar o primeiro passo para começar a trilhar esse caminho maravilhoso.

O fundamento do Andrógino é o sentimento amoroso cuja fonte é o Todo. Quanto mais trabalharmos nosso interior e expandirmos nossa consciência, mais enxergaremos a realidade a nossa volta. Aqui e agora. Esse é o ponto crucial para o "despertar". Basta ter a intenção...

Quanto mais próximo do Amor do Todo, mais perto do estado Andrógino estaremos, e isso implica em deixarmos a Centelha Divina atuar livremente (ela saberá o que fazer), determinando que nosso ego fique como simples expectador, indefinidamente. Não tem como ser diferente!

VIII.
O Andrógino
e o Colapso
da Função de
Onda

"Quando Dioniso atingiu a idade adulta,
ele começou suas andanças. Em uma das
mais antigas histórias a respeito de suas
aventuras, o errante Dioniso foi capturado
por piratas e preso ao mastro do navio, mas
quando este estava em alto-mar, as cordas
que prendiam o deus se soltaram como se
por mágica, e uma videira cresceu miste-
riosamente em torno do mastro do navio.
Dioniso então, se transformou em um leão,
que aterrorizou de tal modo os piratas que
estes pularam no mar, onde foram transfor-
mados pelo deus em golfinhos."

(John A. Sanford)

Na metáfora acima, Dioniso, sendo um deus
Andrógino, colapsou a função de onda e

se transformou em um leão para se livrar de um perigo com extremas facilidade.

É exatamente o que acontece na vida real. Colapsar a função de onda é focar no que se quer, e então, a onda emitida pelo seu desejo faz com que ele se torne realidade. Mas em se tratando de seres humanos a coisa fica um pouco complicada, pois seria muito fácil se todos nós não estivéssemos embaixo de todo esse paradigma que nos sufoca e reprime. Se pensássemos em atrair somente coisas boas, tudo seria diferente. Todos teriam uma vida mais tranquila, sem doenças, carências materiais e espirituais etc., correto? Ou será que não é essa a nossa realidade? Será que nos permitimos criar e atrair coisas boas para nossa vida?

Acontece que, por conta dos problemas acima, colapsamos, na maioria das vezes, exatamente o que tememos, por exemplo, violência, desemprego, doenças, entre outros. O sentimento de medo é o que ocupa nossa mente quase que cem por cento das vezes. Se procurarmos lembrar, ao final do dia, quantas vezes sentimos medo, veremos que a estimativa é esta. Não temos pensamentos positivos constantes e sem oscilações. Este é o problema.

Todos nós colapsamos a função de onda o tempo todo, mesmo inconscientemente, por mais banal que seja o desejo. Por exemplo, se vamos a uma loja comprar um par de sapato e pedimos ao vendedor exatamente o modelo, número e cor que gostaríamos, então o objeto já está colapsado em nossa mente. Se ele diz que tem e que vai pegar, já podemos até sentir os sapatos nos pés, não é verdade? Nós "soltamos a situação". Mas e se quando o vendedor sair para buscar nós começarmos a pensar que ele pode ter se enganado se realmente tem e não vai encontrar o sapato, ou talvez não tenha o número ou a cor que pedimos? Fatalmente é o que irá acontecer. Não mantivemos o colapso positivo em mente para que o sapato já estivesse de fato em nosso pé. É aí que vem a questão da alegria constante, sem oscilação. Se a mente está tranquila e certa de um resultado positivo, quanto mais alta for a frequência emitida, mais certa será a materialização do desejo. Ou seja, onde colocarmos o foco, haverá realização. E claro, isso acontece independentemente de ser um pensamento positivo ou negativo. O que define o sim ou o não do colapso da função de onda, é a decisão sem oscilação. A consciência escolhe! Infelizmente, o que nos impede e nos limita de realizarmos o que desejamos são as nossas crenças, tabus e preconceitos.

Outro exemplo: imaginemos um vestido maravilhoso em uma vitrine. Quando olhamos para ele já podemos até nos imaginar "naquela" festa. Mas, na mesma hora vem um pensamento de que talvez aquele vestido não caiba, ou seja extravagante demais. Pronto. Desfez-se o colapso por puro tabu ou trauma, inúmeros motivos. Entenderam? A pessoa se sabotou. É preciso que essas sombras sejam limpas para que se obtenha os resultados desejados. Resolvido isso, o colapso passa a ser imediato.

Se pensarmos que dinheiro é sujo, que não somos merecedores de ganhá-lo (ou mesmo qualquer outro benefício), ou que quem é rico não é uma pessoa boa etc., é claro que não conseguiremos ganhar dinheiro. Estaremos colapsando que se ganharmos dinheiro sujaremos nossas mãos, nos tornaremos pessoas ruins, ou não teremos a capacidade de ganhar dinheiro. Entendem a dinâmica desses pensamentos?

Estamos dando esses exemplos para podermos chegar ao caso do Andrógino, que é totalmente o contrário do que acontece com as pessoas normais.

O Andrógino não tem mais nenhuma sombra. Ele está totalmente conectado com o Todo, isto é, ele colapsa a função de onda em um piscar de olhos. Para ele, isso é a coisa mais comum do Universo. Pensou, criou. Não há nada que o Andrógino possa querer que não se transforme em realidade. Ele está tão certo e decidido do que quer que o faz com naturalidade. O ponto que faz do Andrógino um ser tão criativo é: ele não é mais regido pelo ego, pois não cria mais nada para si. Todos os seus desejos são de auxílio ao próximo e bem-estar de todos.

Se seguirmos uma sequência, veremos como o colapso da função de onda acontece para um Andrógino: ele sente alegria em um grau sobre--humano e assim a mantém sempre; então, estuda, trabalha e ajuda sem parar, e com isso, eleva o nível de endorfina em seu corpo sentindo mais alegria; seus pensamentos nunca entram no modo negativo, pois está sempre em alegria; caso isso aconteça, esse pensamento é imediatamente cancelado e um outro positivo é colocado no lugar. Portanto, o que impedirá o Andrógino de obter o que colapsou? Nada. O nível da frequência que ele emana é tão alto e forte, que com extrema facilidade alcança seus objetivos. Basta um pensamento.

Portanto, cada pensamento nosso tem que ser vigiado. Atraímos exatamente o que pensamos. Não temos a menor noção de quanto isso influi em nossa vida e na dos demais. Se entendêssemos, tudo seria diferente, ou seja, para melhor.

O Andrógino coloca em prática o colapso da função de onda da maneira mais natural possível, pois para ele é normal que isso aconteça. Sem ansiedade, sem pressão. Não é milagre, é realidade!

Todos nós podemos chegar a esse nível. Por isso é extremamente importante que avaliemos como estamos levando nossa vida.

Quais são nossas crenças? Por que as coisas que desejamos não acontecem? O que está nos limitando? Resposta? Nossa própria consciência. Nós criamos a nossa realidade. Todos os experimentos da mecânica quântica mostram e provam isso.

O Andrógino nos mostra, mais uma vez, que ter, sentir e ser o que se quer é extremamente fácil, basta termos a intenção. Mas, vamos colocar aqui uma observação extremamente importante: não é qualquer intenção. Se assim fosse, a humanidade não estaria na mediocridade material, mental e espiritual em que se encontra. É preciso pagar o preço!

Este é o Andrógino!

IX.
A verdade sobre a androginia

Quando Friedrich Wilhelm Nietzsche escreveu o livro *Assim falou Zaratustra* (1885), ele falou sobre um certo super-homem, o Übermensch. E o que seria esse super-homem? Para o autor, deveria ser uma pessoa que quisesse superar a si mesma. Em um sentido mais "humano", digamos assim, seria alguém que estaria ultrapassando seus próprios limites, que estaria trocando de pele, como uma cobra, ou seja, se renovando, se reinventando, ou mesmo aquele que se livra de uma casca que o estava apertando.

Essa renovação nos remete a uma vida nova, onde poderíamos desfrutar dos mais variados níveis de poder. Mas não o poder no sentido de ser superior ao outro, e sim o de ter a capacidade de ajudar mais e mais aos outros a evoluir, deixando a forma "homem" para trás. Esse poder é o que o Todo dá sem limites a quem se entrega de corpo e alma como instrumento de iluminação, para se tornar um ser de luz como o Andrógino.

Na época em que Nietzsche escreveu sobre esse super-homem, ele se referia a um povo europeu domesticado, obediente, anestesiado e apegado aos valores tradicionais, e que seria alvo fácil para ser cada vez mais oprimido e conduzido como gado. Esse povo, por outro lado, seria o que mais rapidamente viria a entender e a se tornar um super-homem, pois literalmente não teria mais nada a perder. Seria como escrever numa folha de papel em branco.

O homem moderno, com o passar do tempo, se absteve de criar, de se recriar! Foi tão escravizado que não consegue vislumbrar um progresso real em sua vida. Ele orgulha-se demais de si mesmo, está acomodado, conformado e se apega a qualquer objeto para idolatrar, perdendo-se em um mundo de sonhos e contos de fadas, levando uma vida medíocre e sem sentido. Uma vida exclusivamente material.

É aí que o super-homem de Nietzsche entra em cena: quando há a conscientização do homem sobre a capacidade de se superar. É quando o ser humano enxerga a realidade nua e crua de que se está afundado nesta sociedade moralista e patriarcal. Este super-homem nasce para demolir o paradigma vigente: é a saída total da zona de conforto para a realidade de que existe um mundo de possibilidades por aí afora, ou seja, é transpor os limites corporais, espirituais, mentais, enfim, ir além e dar o máximo de si em tudo o que fizer e também para beneficiar os demais; é aceitar que o Todo é puro Amor e bondade, e que tudo o que acontece na vida, coisas boas ou não tão boas, é de sua inteira responsabilidade.

Nós escrevemos o roteiro de nossas vidas. É por isso que o livre-arbítrio nos foi dado como presente pelo Todo: para que fôssemos os senhores de nós mesmos. Somos deuses! Ou alguém ainda tem alguma dúvida do que significa a Centelha Divina?

O mais expressivo significado do super-homem de Nietzsche talvez seja o SOLTAR. Sim, e é essa atitude a mais difícil de um ser humano assimilar e colocar em prática. Soltar as amarras às quais se está preso por milênios faz com que tenhamos que abrir mão de conceitos enraizados na alma, por exemplo, aquele relacionamento com o qual estamos tão acostumados a sofrer e que sentiremos falta dessa dor caso haja uma separação. É aquela tragédia familiar que com a falta de uma palavra de perdão faz com que a ira e a mágoa se arrastem por encarnações, entre outros infinitos exemplos. Portanto, neste caso, não precisamos nem chegar a sermos de fato super-homens para soltarmos essas amarras. A vida segue independentemente de qualquer coisa, mas essa atitude já demonstra um grande avanço. É preciso haver esse caos interior para que tudo se reorganize no homem. É como começar tudo de novo, fazer as coisas voltarem a ser como há doze mil anos, onde todos eram super-homens, entendiam, respeitavam e colocavam em prática as leis naturais do Universo. É estar literalmente despido de todos os conceitos e preconceitos atuais.

O que significa a seguinte frase: "Torna-te aquilo que és", de Nietzsche?

Esta é a mais verdadeira expressão da liberdade de ser quem se deseja ser! É a alegria de estar em conexão total com o Todo e se sentir totalmente absorvido por suas infinitas bondade e generosidade. É o homem incorporando o mais puro do seu ser.

Uma criança, na sua pureza, vive na mais genuína alegria. Esse é o ponto que faz com que transcendamos para este novo patamar de vida: A Alegria! Quando isso for uma constante, sem oscilações, todos os modelos de paradigmas serão deixados para trás e nada mais abalará a estrutura que já estará enraizada na alma. O homem se tornará um verdadeiro artista, criando e sendo dono de si mesmo.

"Se as pessoas são felizes, se elas estão desfrutando, ninguém pode arrastá-las para a guerra. A guerra não é um fenômeno simples, ela é complexa. As pessoas precisam ser miseráveis, necessitam estar em sofrimento, as pessoas precisam estar sexualmente reprimidas. As pessoas precisam estar de todas as maneiras possíveis, humilhadas pela pobreza e pela fome. Só assim você pode conseguir convencê-las a destruírem-se mutuamente, pois elas não possuem nada pelo que viver (...). Quando você não tem nada a perder, lutar se torna mais fácil. De fato, existe a possibilidade de você ganhar e pode ter o mundo inteiro. Mas, se as pessoas estão tendo uma linda vida, uma vida amorosa, você não pode convencê-las de que elas têm que destruir outros países, outras pessoas."

(Osho)

Todos admiramos e queremos ser super-homens e, para isso, nos espelhamos em personagens fictícios que nos remetem à perfeição. Os heróis em quadrinhos são um exemplo desses personagens.

Mas onde encontraremos os Super-Homens ou as Mulheres-Maravilha? Em nós mesmos! Quais as principais características que veneramos neles? A inteligência, força, bondade, compaixão, senso de justiça etc., não é verdade? Olhando mais de perto veremos, então, que todo super-herói é uma metáfora do Andrógino. E, se formos analisar mais profundamente, constataremos que ele está dentro de nós e que já possuímos todos estes "poderes" citados anteriormente, pois já viemos para esse planeta com a alma pronta, exatamente como o Todo a emanou. O estado Andrógino é a nossa essência! O Todo nos fez exatamente com a mesma essência dEle. O que precisa ser feito, então, é nos reconhecermos como verdadeiros filhos de Deus e que sigamos no caminho da Iluminação, mas com ALEGRIA. Alegria sobre-humana, alegria de um super-homem! É saber superar as dificuldades e ter a força interna de suportar os ataques e os reveses da vida, e mesmo assim continuar alegre e de bom humor. Os obstáculos são inerentes a esta dimensão e fazem parte dela, sendo indispensáveis para a evolução dos seres.

> "O homem chega à sua maturidade quando encara a vida com a mesma seriedade que uma criança encara uma brincadeira."
> (Nietzsche)

Cada um de nós tem que colocar seu ego a serviço do Todo, doando-se. Somente assim teremos alegria. Sem alegria não existe progresso, nem criação, nem emanação do Universo.

Dentro do homem agora existe um desejo incontrolável de se conhecer cada vez mais sabendo que durante a jornada, mesmo havendo dor e sofrimento, ele estará forte e resiliente, continuando firme no seu propósito. Resumindo, o super-homem de Nietzsche, é o Andrógino! E disso podemos nos certificar de que os dois estão totalmente correlacionados, pois Nietzsche tinha a exata noção do que estava escrevendo e, assim, em seu livro, previu os passos a serem dados para que o ser humano viesse a se tornar um super-homem ou um além-humano exatamente como o Andrógino:

– *Através da transcendência de todos os valores do indivíduo.* Exatamente o que apontamos nos capítulos anteriores nos quais o Andrógino pensa totalmente o contrário dos conceitos vigentes no mundo atual. Todas as suas ideias são originais e criativas, e podem entrar em conflito com os pensamentos das pessoas que estão mergulhadas nos paradigmas da sociedade de hoje.

Quando as pessoas se fecham para novas possibilidades, limitam sua curiosidade e imaginação, e, assim, tudo o que for novo, diferente e inovador passa a ser desprezado. Mas, segundo Nietzsche, somente sendo capaz de criar seus próprios valores um homem pode tornar-se um super-homem.

– *Através da sede de poder.* Não o poder de dominação do semelhante, mas sim o poder de ser quem você quiser ser, ou seja, um homem livre, espontâneo e feliz. O objetivo é ser uma pessoa consciente de si mesma e do lugar que ocupa por direito no mundo e de que está totalmente sob os cuidados do Todo. Será que existe um poder maior do que este? Certamente, não.

– *Através de um processo contínuo de superação e transformação.* "É preciso saber perder-se quando queremos aprender algo das coisas que nós próprios não somos." (Nietzsche). A jornada para o autoconhecimento é cheia de altos e baixos, e também de muitas incertezas. Apenas com coragem e determinação em querer "perder-se", ou seja, se aventurar em terrenos desconhecidos e inexplorados, é que se consegue encontrar as respostas que deseja, a verdade de cada um. E o Andrógino se encaixa perfeitamente nesse conceito, pois ele está sempre ultrapassando seus próprios limites.

Portanto, não precisamos de meias palavras para termos a certeza de que este super-homem de Nietzsche seja, na verdade, o próprio Andrógino descrito aqui em todas as páginas deste livro, o que nos faz também perceber que, ao longo de toda nossa história, sempre houve Andróginos, e que somente agora se pode explanar esse assunto um pouco mais abertamente.

Podemos notar que nos últimos tempos, nunca se ouviu falar tanto em mudanças e reformas íntimas, em iluminação espiritual, em individuação, em "volta para casa" etc. Nunca se buscou tanto pela valorização da espiritualidade. O Sagrado Feminino está falando mais alto! Até nos setores médico e científico já se aceitam certos conceitos espirituais, que inclusive compõem matérias de currículos em universidades. Uma grande conquista.

Está havendo uma busca inconsciente pela iluminação. Aos poucos, o que era somente suposição agora está se consolidando e se tornando realidade para mais e mais pessoas. É como dizer que está havendo um êxodo urbano. Antigamente as pessoas se mudavam para as grandes cidades à procura de mais oportunidades, em todos os sentidos. Mas agora, uma vez que esses grandes centros estão superlotados, e onde ninguém suporta mais tanto estresse, as pessoas estão vislumbrando uma vida melhor e mais calma voltando para o básico, para as casas do litoral ou do interior dos estados para terem mais qualidade de vida, onde poderão plantar seu próprio alimento, criar animais, estar mais perto da natureza, etc. A androginia é isso: uma volta para casa!

A verdade, então, é que não precisamos ter capa, nem superpoderes para sermos um super-homem. Já o somos! Basta permitir que a Centelha Divina assuma para que consigamos atingir este patamar em nossas vidas. Basta a intenção...

"Só se pode alcançar um grande êxito quando nos mantemos fiéis a nós mesmos."
(Nietzsche)

Considerações finais

Em vista de tudo o que foi explicado até agora, acredita-se que tenha ficado claro que a Androginia é o estado natural do ser humano. Isso "ainda" não é o estado normal por causa da resistência à Individuação.

Com o passar do tempo, as novas gerações já chegarão aqui neste planeta no estado Andrógino ou faltando muito pouco para assumirem isso.

Nesse ponto da História, o planeta terá dado um salto gigantesco no intuito de haver paz.

Essa é a condição *sine quanon* para a evolução planetária. A partir daí as infinitas possibilidades estarão abertas!

Bibliografia

CAMPBELL, Joseph. *DEUSAS. Os Mistérios do Divino Feminino.* Editora Palas Athena, 2018.

DANIÉLOU, Alain. *Shiva e Dioniso. A Religião da Natureza e do Eros.* Editora Martins Fontes, 1989.

ELIADE, Mircea. *Mefistófeles y el Andrógino.* Editora Kairós, 2001.

LELOUP, Jean-Yves. *O Corpo e seus Símbolos. Uma antropologia essencial.* Editora Vozes, 2015.

OSHO. *Tantra. O Caminho da Aceitação.* Editora Cultrix, 2016.

REICH, Wilhelm. *A Função do Orgasmo.* Editora Brasiliense, 1975.

SANFORD, John A. *Destino, Amor e Êxtase. A sabedoria das deusas gregas menos conhecidas.* Editora Paulus, 1999.

SINGER, June. *Androginia. Rumo a uma Nova Teoria da Sexualidade.* Editora Cultrix, 1976.

Sobre a autora

Sou comissária de bordo há mais de vinte anos. Através dessa profissão conheci muitas pessoas com as quais aprendi a observar o comportamento e também, como mulher, a me conhecer mais.

Tornar-me escritora foi consequência dessa convivência interpessoal.

Gratidão,

Carolina Guitzel

Esta obra foi composta em
Sabon LT Std e impressa sob
demanda em sistema digital.
Corresponde ao consumo de 0,1
árvore reflorestada sob a norma
ISO 14.001. Recicle sempre.